AF859063

La responsabilité des constructeurs

Collection LA JUSTICE AU QUOTIDIEN
fondée et dirigée par Jean-Paul Céré
Maître de Conférences à l'Université de Pau et des Pays de l'Adour

*La collection **LA JUSTICE AU QUOTIDIEN** a pour objectif de rendre le droit accessible à tous, aux professionnels comme aux particuliers. Elle se destine à la publication d'ouvrages, rédigés par des spécialistes reconnus, permettant de présenter de manière fonctionnelle et complète le système de justice actuel et de proposer des solutions aux problèmes juridiques de la vie courante.*

Ouvrages parus :

1. **Le permis à points**
(J.P. Céré)
2. **Le droit de l'affichage**
(P. Zavoli)
3. **La médiation pénale**
(P. Mbanzoulou)

A paraître :

Le contrôle fiscal des particuliers
(E. Péchillon)
La procédure de référé administratif
(J. Gourdou et A. Bourrel)
Les surveillants de prison
(J.C. Froment)
Les magistrats
(P. Faucher)
Les droits des victimes
(R. Cario)
Le placement sous surveillance électronique
(C. Cardet)

2

La responsabilité de droit commun

Le droit commun de la responsabilité s'applique exclusivement en présence de désordres survenus avant réception. En revanche, il n'a plus qu'un champ d'application résiduel dès lors que les dommages sont apparus après la réception des travaux.

Par ailleurs, la nature de la responsabilité de droit commun diffère selon les circonstances. Selon qu'il existe ou non un lien contractuel entre les parties au litige, il convient de se placer sur le terrain de la responsabilité contractuelle (section 1) ou sur celui de la responsabilité délictuelle (section 2).

Section 1. La responsabilité contractuelle des constructeurs

Le champ d'application de la responsabilité contractuelle de droit commun est limité en raison de l'étendue du domaine des garanties légales (§ 1). Son régime, qui obéit aux dispositions des articles 1147 et suivants du Code civil, est au demeurant moins protecteur des intérêts du maître d'ouvrage (§ 2).

§ 1. Le champ d'application de la responsabilité contractuelle

La responsabilité contractuelle est par principe applicable aux désordres qui échappent aux dispositions des articles 1792 et suivants du Code civil (A). La liste des personnes concernées par le droit commun de la responsabilité contractuelle est en revanche très proche de celle établie par la loi Spinetta (B).

A. Les dommages concernés par la responsabilité contractuelle

La responsabilité contractuelle de droit commun s'applique à titre exclusif aux désordres survenus avant réception (1). Elle n'intéresse qu'à titre résiduel et sous certaines conditions, les désordres apparents à la réception (2) et ceux survenus postérieurement (3).

1. Les dommages survenus avant réception

Les dommages survenus en cours de chantier relèvent incontestablement de la responsabilité contractuelle des constructeurs. L'application des garanties légales est alors systématiquement exclue.

Partant du principe qu'il doit livrer un ouvrage exempt de vice et conforme aux stipulations contractuelles, la Cour de cassation fait peser sur l'entrepreneur, véritable exécutant des travaux de construction, une obligation de résultat (Cass. 3e civ., 19 juin 1996 : *RD imm.* 1996, p. 581, obs. Ph. Malinvaud et B. Boubli). A cet égard, la situation de l'entrepreneur avant réception est identique à celle qui est la sienne postérieurement à l'établissement du procès-verbal, dans la mesure où, comme sur le fondement de l'article 1792 du Code civil, le demandeur n'a pas à prouver sa faute pour mettre en jeu sa responsabilité. Dans le même souci de protection des intérêts du maître d'ouvrage, tout désordre apparent avant la réception doit donner lieu à réparation, quelle que soit son ampleur. L'absence d'exigence relative à la gravité du désordre rend la situation de l'entrepreneur plus inconfortable sur le terrain de la responsabilité contractuelle de droit commun que sur celui de la garantie décennale, où il faut au minimum établir l'impropriété à destination de l'ouvrage (Cass. 3e civ., 19 juin

La responsabilité des constructeurs

Sabine Bertolaso

Maître de Conférences à la Faculté de Droit de La Rochelle

Emmanuelle Ménard

Avocat à la Cour

BIBLIOTHÈQUE UNIVERSITAIRE ANGERS

34480
BER
140468

L'Harmattan
5-7, rue de l'Ecole Polytechnique
75005 Paris
FRANCE

L'Harmattan Inc.
55, rue Saint-Jacques
Montréal (Qc)-Canada H2Y 1K9

L'Harmattan Hongrie
Hargita u. 3
1026 Budapest
HONGRIE

BIBLIOTHÈQUE UNIVERSITAIRE ANGERS DOCUMENT ANNULÉ

342.064
BER 2002

© L'Harmattan, 2002
ISBN : 2-7475-3318-2

A Thierry Buraud

Principales abréviations

AJPJ	Actualité juridique de la propriété immobilière
Ass. Plén	Assemblée plénière
Bull	Bulletin des arrêts de la Cour de cassation
CA	Cour d'appel
Cass	Cour de cassation
C. civ	Code civil
C. constr. et habitation	Code de la construction et de l'habitation
Civ	Civile
Comm	Commentaire
Constr.-urb	Urbanisme et construction
D	Dalloz
Dr. et patrimoine	Droit et patrimoine
Gaz. Pal	Gazette du Palais
Infra	Ci-dessous
JCP G	Semaine juridique, édition générale
Obs	Observations
RD imm	Revue de droit immobilier
Resp. civ. et assur	Responsabilité civile et assurances
RGAT	Revue générale des assurances terrestres
RTD civ	Revue trimestrielle de droit civil
S	Suivants
Supra	Ci-dessus

Introduction

La responsabilité des constructeurs tient une place originale au sein du droit de la responsabilité civile. Le particularisme du mécanisme réside dans la cohabitation d'un régime spécifique de responsabilité légale défini aux articles 1792 et suivants du Code civil, et du régime de droit commun de la responsabilité. Au sein de ce système, la place du droit commun, qui s'entend en l'occurrence de la responsabilité contractuelle des articles 1147 et suivants du Code civil et de la responsabilité délictuelle des articles 1382 et suivants du Code civil, est devenue accessoire. L'application exponentielle d'une responsabilité spécifique est le fruit d'une évolution dont les prémices sont apparues dès l'Antiquité.

Le droit romain en a jeté les bases, en faisant peser sur le constructeur une obligation de garantie portant sur la viabilité de l'ouvrage réalisé, pendant une période de dix ans suivant la réception des travaux.

En 1804, le Code civil a consacré la responsabilité décennale des constructeurs. Mais le domaine de cette responsabilité était alors réduit à sa plus simple expression. Dans sa rédaction initiale, l'article 1792 limitait l'existence d'une responsabilité décennale des constructeurs au cas où l'édifice, « construit à prix faits, périt en tout ou partie par le vice de la construction ». Par ailleurs, l'article 2270 précisait : « Après dix ans, l'architecte et les entrepreneurs sont déchargés de la garantie des gros ouvrages qu'ils ont faits ou dirigés ». Autrement dit, seuls les architectes et les entrepreneurs étaient susceptibles de voir leur responsabilité engagée, et seulement sous réserve de la réunion de deux conditions cumulatives : l'existence d'un marché à forfait et la destruction partielle ou totale d'un gros ouvrage.

La première évolution significative de l'élargissement du domaine de la responsabilité spécifique intervint un siècle plus tard. Une loi du 3 janvier 1967 étendit le champ d'application de la responsabilité des constructeurs à trois niveaux.

Premièrement, les architectes et les entrepreneurs n'étaient plus les seuls intervenants à l'acte de construire visés par les textes. Le législateur élargissait la liste des débiteurs de la garantie.

Deuxièmement, le législateur ne réservait pas la mise en œuvre de la responsabilité spécifique au cadre restreint des seuls marchés à forfait.

Ces deux dispositions nouvelles eurent pour principal mérite de soumettre les différents intervenants à l'acte de construire à un système unique de responsabilité spécifique, applicable quel que soit le particularisme des contrats de construction qui ne revêtent pas toujours la même nature. Parfois, le contrat de construction présente les caractéristiques d'un contrat de louage d'ouvrage, ce qui est le cas par exemple, du contrat d'entreprise, du contrat de maîtrise d'œuvre, du contrat de construction de maisons individuelles. Plus rarement, il emprunte au régime de la vente (contrat de vente d'immeuble à construire) ou du mandat (contrat de promotion immobilière). En 1967, le législateur a fait en sorte que cette diversité des contrats n'ait aucune influence sur la mise en jeu de la responsabilité des constructeurs.

Troisièmement, le législateur comblait une lacune de la loi ancienne en créant un régime propre aux désordres affectant les menus ouvrages, qui relevaient jusqu'alors de la responsabilité du droit commun, et en particulier de la prescription trentenaire applicable en matière contractuelle. A la responsabilité décennale applicable aux gros ouvrages, venait désormais s'ajouter la responsabilité biennale adaptée aux menus ouvrages. C'est ce qui résultait des dispositions de la loi de 1967 intégrées à l'article 2270 du Code civil : « Les architectes, entrepreneurs et autres personnes liées au maître de l'ouvrage par un contrat de louage d'ouvrage sont déchargés de la garantie des ouvrages qu'ils ont faits ou dirigés après dix ans s'il s'agit de gros ouvrages, après deux ans pour les menus ouvrages ».

La jurisprudence éprouvait bien des difficultés à cerner la distinction des gros et menus ouvrages, et par là même à déterminer la régime de responsabilité applicable. En outre, l'augmentation du contentieux, la lenteur des procédures sur la recherche des responsabilités, les aléas de l'indemnisation des victimes en présence de constructeurs peu ou mal assurés et souvent insolvables, provoquèrent une nouvelle intervention du législateur en 1978.

Les travaux de la Commission Spinetta chargée de la réforme, furent inspirés par l'idée selon laquelle la mise en place d'un système de responsabilité efficace n'a d'intérêt que si les victimes sont effectivement indemnisées des préjudices subis. Or une réparation effective suppose l'existence d'un système d'assurance d'une grande fiabilité. Dès lors, la réglementation de la responsabilité des constructeurs et celle de l'assurance construction vont être systématiquement liées. La loi n° 78-12 du 4 janvier 1978 est ainsi « relative à la responsabilité et à l'assurance dans le domaine de la construction ».

Jusqu'en 1978, l'organisation de l'assurance construction était insuffisante, au point de compromettre le règlement même des sinistres. D'une part, l'assurance était facultative pour tous les intervenants à l'acte de construire sauf les architectes, soumis à une obligation d'assurance depuis 1941. Par conséquent, nombreuses étaient les victimes qui se heurtaient à une absence d'assurance des responsables. D'autre part, les assureurs stipulaient fréquemment dans les polices proposées aux constructeurs des clauses d'exclusion ou de déchéance de garantie opposables au maître d'ouvrage.

La loi de 1978 a voulu offrir aux victimes une protection plus efficace en créant un système d'assurance obligatoire totalement novateur : le système d'assurance dit « à double détente » (C. ass., art. L. 241-1 et s., R. 243-2, et A. 243-1). L'analyse de ce mécanisme d'assurance permet de situer dans le temps les questions de responsabilité et d'assurance. Le législateur est parti d'un double constat. D'un côté, la réparation des dommages doit être effective et rapide, ne serait-ce que pour éviter une aggravation des désordres et une détérioration consécutive de l'ouvrage. D'un autre côté, la recherche des responsabilités nécessite du temps, même avec un régime très simplifié. Il importe donc que la recherche des responsabilités intervienne dans un second temps, après la réparation des désordres. Pour ce faire, le législateur oblige le maître d'ouvrage à souscrire une assurance de chose attachée à l'immeuble lui-même : l'assurance dommage-ouvrage. Cette assurance constitue en quelque sorte un mécanisme de préfinancement. Il suffit au maître d'ouvrage de signaler à son assureur un désordre affectant la construction, pour que l'indemnité correspondant au coût de la réparation soit rapidement versée au terme d'un processus amiable de règlement du sinistre. C'est seulement après indemnisation du maître d'ouvrage que débute le processus de recherche de la responsabilité des différents intervenants à l'acte de construire, par la voie d'un recours subrogatoire en remboursement exercé par l'assureur dommage-ouvrage. Dans le système idéal tel qu'imaginé par la Commission Spinetta, l'assureur dommage-ouvrage est remboursé par les assureurs respectifs des constructeurs concernés, dont la participation financière est proportionnelle à la quote-part de responsabilité imputée à chaque intervenant. L'objectif poursuivi par le législateur est atteint : le maître d'ouvrage a obtenu réparation des préjudices subis préalablement à la recherche des responsabilités.

Le déplacement du processus de recherche des responsabilités pourrait laisser supposer un désintérêt pour le droit de la responsabilité des constructeurs. Il n'en est rien. Au contraire, la responsabilité des constructeurs a été l'objet de toutes les attentions du législateur.

En effet, le mécanisme de l'assurance à double détente ne saurait fonctionner sans un système de responsabilité parfaitement fiable. L'assureur dommage-ouvrage ne peut à terme intervenir, que s'il a la certitude de recouvrer les sommes versées au maître d'ouvrage, sauf à dénaturer le principe même de cette assurance de préfinancement.

Ensuite, le recours à l'assurance à «double détente » n'est pas toujours possible. Ainsi, le champ d'application de l'assurance construction, limité à la seule responsabilité décennale, est plus étroit que celui de la responsabilité des constructeurs. Il est de ce fait primordial d'appréhender les principes des articles 1792 et suivants du Code civil, pour distinguer les désordres de nature décennale des autres désordres. En présence d'un dommage non décennal que l'assureur dommage-ouvrage ne prend pas en charge, le maître d'ouvrage n'aura d'autre ressource que d'initier directement le processus de recherche des responsabilités. De même, en l'absence de sanctions pénales, l'obligation de souscrire une assurance dommage-ouvrage n'est pas toujours respectée par le maître d'ouvrage ou les constructeurs, lesquels se soucient parfois avant tout de réduire le coût de leurs primes d'assurance. En pareille hypothèse, le maître d'ouvrage devra rechercher directement la responsabilité des constructeurs. La responsabilité spécifique des articles 1792 et suivants du Code civil se voit de fait dévolue un rôle essentiel dans le contentieux du droit de la construction.

Dans un tel contexte, la responsabilité de droit commun n'a qu'un champ d'application résiduel, destiné à combler les lacunes de la responsabilité spécifique. Plus précisément, la responsabilité contractuelle des articles 1147 et suivants du Code civil et la responsabilité délictuelle des articles 1382 et suivants du Code civil, ne s'appliquent que dans les hypothèses où les conditions d'application de la responsabilité spécifique, telles que décrites aux articles 1792 et suivants du Code civil, ne sont pas réunies.

Dans un premier temps, nous concentrerons notre étude sur la responsabilité spécifique des constructeurs (chapitre 1), avant de constater, dans un second temps, le particularisme de la responsabilité de droit commun, lorsqu'elle s'applique aux constructeurs (chapitre 2).

1

La responsabilité spécifique

La responsabilité spécifique des constructeurs est régie par les articles 1792 et suivants et par l'article 2270 du Code civil. Ces textes soumettent les constructeurs à trois garanties distinctes.

La garantie décennale institue, pendant dix ans à compter de la réception, une présomption de responsabilité des constructeurs pour les désordres qui compromettent la solidité de l'ouvrage ou le rendent impropre à sa destination en l'affectant dans un de ses éléments constitutifs ou un de ses éléments d'équipement indissociables (C. civ., art. 1792, 1792-2, et 2270).

La garantie de bon fonctionnement, ou garantie biennale, s'applique aux désordres affectant les éléments dissociables de l'ouvrage, pendant deux ans suivant la réception de l'ouvrage (C. civ., art. 1792-3).

La garantie de parfait achèvement est à la charge exclusive de l'entrepreneur qui doit réparer les désordres apparents et réservés au moment de la réception, ainsi que les malfaçons dénoncées dans l'année suivant la réception (C. civ., art. 1792-6).

Les dispositions relatives à la responsabilité spécifique ainsi définies sont d'ordre public. Autrement dit, toutes les stipulations contractuelles qui auraient pour effet de supprimer, de limiter, ou même seulement de suspendre les garanties légales, sont réputées non écrites (C. civ., art. 1792-5).

Dans le même ordre d'idées, la Cour de cassation a consacré le principe de l'application exclusive des dispositions des articles 1792 et suivants du Code civil, dès lors que leurs conditions d'application sont réunies. Tout dommage présentant des caractéristiques susceptibles de le soumettre aux garanties légales, ne peut être réparé que sur le fondement de ces garanties, ce qui exclut les références au droit commun de la responsabilité. Par exemple, dans l'hypothèse où des micro-fissures inesthétiques affectent un carrelage et où les conditions d'application de la garantie de bon fonctionnement sont réunies, une cour d'appel ne peut éviter l'écueil de la prescription biennale, en retenant la responsabilité de l'entrepreneur qui a réalisé les travaux de pose sur le fondement de l'article 1147 du Code civil : « les désordres qui relèvent d'une garantie légale ne peuvent donner lieu, contre les personnes tenues à cette garantie, à une action en réparation fondée sur la responsabilité contractuelle de droit commun » (Cass. 3e civ., 6 oct. 1998 : *Resp. civ. et assur.* 1999, comm. 16).

A titre exceptionnel, les tribunaux accueillent l'action engagée par le maître d'ouvrage, même lorsqu'elle se heurte à une exception de prescription.

Il en est ainsi en cas de faute dolosive ou extérieure au contrat du constructeur. La faute dolosive du constructeur fait l'objet d'une interprétation extensive, et engage la responsabilité contractuelle de droit commun de son auteur. Les tribunaux n'exigent plus une intention de nuire, alors que la faute dolosive était initialement perçue comme l'inexécution à cette fin d'une obligation contractuelle (Cass. 1re civ., 18 déc. 1996 : *Bull. civ.* I, n° 239 ; *D.* 1997, somm. p. 289, note Ph. Delebecque). Ils se contentent de la violation « par dissimulation ou par fraude », « de propos délibéré même sans intention de nuire », des obligations contractuelles. Commettent ainsi une faute dolosive « engageant, nonobstant la forclusion décennale, leur responsabilité entière (et contractuelle) dans la survenance des désordres » un vendeur en l'état futur d'achèvement qui trompe le maître d'ouvrage sur la qualité des fondations, un entrepreneur qui change délibérément la nature des fondations ou un maître d'oeuvre qui atteste de l'achèvement des fondations, alors même qu'elles ne sont pas conformes au descriptif (Cass. 3e civ., 27 juin 2001, *Resp. civ. et assur.* 2001, comm. 299, obs. H. Groutel ; *JCP G* 2001, II, 10626, note Ph. Malinvaud). Pour autant, la faute dolosive n'est pas constituée en cas de simple réalisation des travaux non conformes aux règles de l'art (Cass. 3e civ., 7 fevr. 2001, *Resp. civ. et assur.* 2001, comm. 154).

S'agissant de la faute extérieure au contrat qui entraîne la mise en jeu de la responsabilité délictuelle du constructeur, les solutions retenues sont beaucoup plus floues. Certes elle ne peut en aucun cas constituer la violation d'une obligation de ce contrat, et la responsabilité de son auteur ne peut qu'être engagée sur un terrain délictuel. Mais il est alors bien difficile de la définir, ce d'autant que les tribunaux ne donnent pas d'indication particulière. Peut-être s'agit-il d'un manquement aux règles de l'art. C'est cependant peu probable, dans la mesure où le contrat renvoie toujours, expressément ou implicitement aux règles de l'art (Pour une ébauche de définition, V. CA Paris, 16 sept. 1998 : *RD imm.* 1998, p.647 obs. Ph. Malinvaud et B. Boubli).

En dehors de ces hypothèses marginales d'application qui conduisent à une incursion de la responsabilité de droit commun dans le domaine réservé à la responsabilité spécifique, le principe reste celui de l'application impérative des articles 1792 et suivants du Code civil pour les désordres qui surviennent à compter de la réception. La réception constitue donc le point de départ des garanties légales (section 1). Mais il ne suffit pas qu'un dommage apparaisse postérieurement à la réception pour qu'un constructeur soit responsable sur le fondement des articles 1792 et suivants du Code civil. Diverses conditions sont définies par le législateur et déterminent le champ d'application des garanties légales (section 2). Si ces conditions sont réunies, se pose alors la question des modalités de mise en œuvre des garanties légales (section 3).

Section 1. Le point de départ des garanties légales

Le point de départ des garanties légales est fixé à la date de réception des travaux. L'article 1792-6 du Code civil définit en son alinéa premier cet événement, comme un acte juridique unilatéral par lequel le maître de l'ouvrage déclare accepter les travaux, avec ou sans réserves.

A la diversité des formes de l'acte de réception (§ 1) répond la variété de ses effets (§ 2).

§ 1. La diversité des formes de la réception

La réception peut intervenir amiablement de façon expresse (1), tacite (2), ou judiciairement (3).

1. La réception expresse

La réception expresse implique l'établissement d'un procès-verbal contradictoire en présence du maître d'ouvrage ou de son représentant, et des constructeurs liés contractuellement au maître d'ouvrage.

Ce caractère contradictoire induit que l'ouvrage ne puisse être réceptionné, lorsque la volonté d'une de ces parties fait défaut. Un procès-verbal réalisé en l'absence du maître d'ouvrage ou de son représentant lui serait inopposable, tout comme une déclaration d'achèvement des travaux faite par le seul architecte (Cass. 3e civ., 14 févr. 1990 : *Bull. civ.* III, n° 47). Suivant le même raisonnement, l'existence d'une réception contradictoire doit être écartée si le procès-verbal de réception signé par le maître d'ouvrage ne l'a pas été par l'entrepreneur (Cass. 3e civ., 18 juin 1997 : *Bull. civ.* III, n° 142 ; *RD imm.* 1997, p. 588, obs. Ph. Malinvaud et B. Boubli). Cela étant, le caractère contradictoire de la réception a ses limites. Si un constructeur est dûment convoqué et ne se présente pas, la notification du procès-verbal suffit à consacrer l'opposabilité de l'acte à son égard. De même, l'entrepreneur qui répond à la convocation mais refuse indûment de signer le procès-verbal de réception, ne doit pas être dispensé d'exécuter les travaux de parfait achèvement ayant fait l'objet de réserves. La solution inverse reviendrait à assimiler la réception à un contrat, alors qu'il s'agit d'un acte juridique unilatéral.

Compte tenu de l'exigence d'un procès-verbal et d'un constat contradictoire, la réception ne coïncide pas nécessairement avec l'achèvement des travaux. L'achèvement de l'ouvrage n'induit pas de facto la réception de l'ouvrage et, sauf constat contradictoire antérieur, c'est au seul jour de l'établissement du procès-verbal que sera fixé le point de départ des délais (Cass. 3e civ., 18 juin 1997 : *RD imm.* 1997, p. 588, obs. Ph. Malinvaud et B. Boubli). En pratique, ce procès-verbal est établi postérieurement à la fin du chantier. Pour autant, l'article 1792-6 susvisé ne subordonne pas la réception à l'achèvement de l'ouvrage. Les opérations de réception peuvent exceptionnellement se dérouler avant l'achèvement définitif des travaux. La signature du procès-verbal, parce qu'elle manifeste la volonté délibérée du maître d'ouvrage de réceptionner l'ouvrage, établit l'exécution des travaux commandés, sauf pour le maître d'ouvrage à mentionner des réserves afférentes aux prestations qui ne sont pas effectivement achevées (Cass. 3e civ., 9 déc. 1998 : *RD imm.* 1999, p. 103, obs. Ph. Malinvaud et B. Boubli ; Cass. 3e civ., 15 janv. 1997 : *Bull. civ.* III, n° 10).

Même si la solution semble s'imposer d'évidence, la Cour de cassation rappelle qu'une réception avec réserves, n'en est pas moins une réception constituant l'acceptation des ouvrages et le point de départ des délais de garantie (Cass. 3e civ., 27 juin 2001 : Constr.-urb. 2001, comm. 167).

Enfin, le premier alinéa de l'article 1792-6 du Code civil n'étant pas d'ordre public, les parties peuvent aménager conventionnellement les modalités de la réception. Le contrat peut ainsi stipuler que la prise de possession emportera réception sans réserve (Cass. 3e civ., 5 nov. 1992 : *Bull. civ.* III, n° 284). Les parties peuvent également renvoyer contractuellement aux conditions de réception définies par la norme française P 03.001 de décembre 2000.

2. La réception tacite

En matière de contrat de construction de maisons individuelles, le législateur a imposé que la réception soit constatée par écrit ce qui exclut par principe l'hypothèse d'une réception tacite (C. constr. hab., art. L 231-6). En dehors de ce cas de figure et en l'absence de procès-verbal de réception, une réception tacite de l'ouvrage peut être admise. Les circonstances doivent cependant caractériser la volonté non équivoque du maître d'ouvrage de recevoir les travaux, et le caractère contradictoire de la réception.

En toute hypothèse, la réception ne peut être déduite d'actes équivoques, laissant supposer un refus du maître d'ouvrage. C'est le cas lorsque le maître d'ouvrage prend possession des lieux sans payer le solde du prix des travaux (Cass. 3e civ., 25 févr. 1998 : *RD imm.* 1998, p. 257, obs. Ph. Malinvaud et B. Boubli) ou lorsqu'il prend possession de l'ouvrage, solde le marché et met parallèlement l'entrepreneur en demeure de parfaire les travaux (Cass. 3e civ., 30 sept. 1998 : *Bull. civ.* III, n° 175).

A ce jour, la prise de possession de l'ouvrage sans réserve et le paiement du prix des travaux semblent être des éléments nécessaires et suffisants pour retenir une réception tacite de l'ouvrage. La Cour de cassation censure ainsi, au visa de l'article 1792-6 du Code civil, les décisions des juridictions du fond qui rejettent la réception tacite, alors que le maître d'ouvrage a spontanément pris possession des lieux, n'a pas formulé de réserve à l'achèvement des travaux et s'est acquitté de l'intégralité du prix auprès des constructeurs (Cass. 3e civ., 28 mars 2001 : Constr.-urb. 2001, comm. 118).

L'exigence d'une prise de possession sans réserve n'exclut pas le constat d'une réception tacite comportant des réserves. Ainsi, la Cour de cassation qui constate la prise de possession des lieux et le paiement intégral des travaux peut admettre l'existence d'une réception tacite en présence de désordres dénoncés par lettre recommandée adressée à un constructeur. Les réserves émises ne doivent cependant pas être d'une importance telle, qu'elles rendent équivoque la volonté de recevoir du maître d'ouvrage (Cass. 3e civ., 7 oct. 1998, *RD imm.* 1999, p. 103, obs. Ph. Malinvaud et B. Boubli). L'existence d'une réception tacite peut également être retenue en présence de travaux inachevés (Cass. 3e civ., 4 févr. 1998 : *Bull. civ.* III, n° 27).

Même tacite, la réception doit présenter un caractère contradictoire, qu'il appartient aux juridictions du fond de caractériser (Cass. 3e civ., 16 févr. 1994 : *Bull. civ.* III, n° 22).

L'existence d'une réception tacite établie, se pose le problème de sa date d'effet. Saisis à l'occasion d'un litige sur le solde du marché ou sur la présence de malfaçons, les tribunaux se déterminent en fonction de la volonté du maître d'ouvrage, pour fixer la date de la réception au moment de l'achèvement des travaux, de la prise de possession, ou du paiement du prix des travaux. Cela étant, si la prise de possession est immédiatement suivie d'un procès-verbal de réception, c'est la date du procès-verbal qui est retenue comme date de réception.

3. La réception judiciaire

A défaut d'accord amiable ou de réception tacite, les parties recourent à la voie judiciaire, lorsque la réception n'a pas été prononcée et que toutes les conditions sont réunies pour qu'elle le soit.

La demande de réception judiciaire peut être présentée par le maître d'ouvrage ou par l'entrepreneur. Elle ne peut l'être en revanche par l'assureur dommage-ouvrage, lequel n'est pas partie à la réception et n'a donc pas qualité pour agir à cette fin (Cass. 3e civ., 23 avr. 1997 : *Bull. civ.* III, n° 84).

Doit être distingué de l'action aux fins de réception judiciaire, le litige qui conduit les juridictions à se prononcer judiciairement sur la date d'une réception tacite. Cette distinction entre les deux types de réception interdit même à une juridiction de substituer une demande à une autre, et de se prononcer sur la date d'une réception tacite alors que les parties l'avait saisie d'une demande de réception judiciaire (Cass. 3e civ., 30 juin 1993 : *Bull. civ.* III, n° 103).

Le plus souvent, la demande de réception judiciaire sera précédée d'une mesure d'expertise judiciaire qui facilitera l'établissement des moyens de preuve, et orientera la décision du tribunal. Après avoir constaté l'achèvement de l'ouvrage et / ou son occupation par le maître d'ouvrage, l'expert pourra dresser une liste de réserves, et surtout donner son avis sur la date devant être retenue judiciairement comme celle de la réception. La date retenue doit être celle à laquelle les travaux étaient en état d'être reçus, ce qui implique que l'ouvrage soit effectivement habitable (Cass. 3e civ., 14 janv. 1998 : *Resp. civ. et assur.* 1998, comm. 122).

La fixation de la date de réception judiciaire est donc indépendante de la volonté des parties et de la date de leurs demandes (Cass. 3e civ., 22 mai 1997 : *Bull. civ.* III, n° 107 ; Cass. 3e civ., 14 janv. 1998 préc.).

De fait, les dommages survenus entre la date à laquelle l'immeuble est jugé en état d'être reçu et la date à laquelle la demande de réception judiciaire est présentée, seront assimilés à des désordres cachés à la réception. Confrontées à une absence de réception expresse, les parties auront donc intérêt à solliciter le prononcé rétroactif d'une date de réception judiciaire, évitant ainsi de supporter les conditions plus restrictives et plus aléatoires de la réception tacite.

§ 2. La variété des effets de la réception

La réception constitue le point de départ unique des différentes garanties spécifiques aux constructeurs. A cet égard, une distinction doit être faite selon que des réserves ont, ou non, été émises au moment de la réception.

L'existence de réserves à la réception implique l'application de la garantie de parfait achèvement pour la réparation des désordres apparents (V. *infra*).

En l'absence de réserve à la réception, il faut distinguer selon que les désordres étaient ou non apparents. Si les désordres étaient apparents, la réception sans réserve suppose que le maître d'ouvrage était satisfait des prestations de l'entrepreneur, et n'attachait aucune importance aux désordres. Dès lors, ces mêmes désordres ne peuvent faire l'objet d'aucune des garanties légales (Cass. 3e civ., 2 janv. 1982 : *D.* 1982, IR. p. 225). Par ailleurs, aucune action en responsabilité n'est envisageable sur le terrain du droit commun (Cass. 3e civ., 31 oct. 2001 : *Resp. civ. et assur.* 2002, comm. 26). La réception sans réserve couvre donc les vices et défauts de conformité apparents. Ce principe n'est pas applicable dans l'hypothèse d'un contrat de construction de maison individuelle, pour lequel les dommages apparents peuvent être dénoncés dans les huit jours suivant la remise des clefs lorsque le maître d'ouvrage n'était pas assisté d'un professionnel lors de la réception. Les tribunaux ont par ailleurs cherché à atténuer les effets de la réception sans réserve (V. *infra*).

Si les désordres n'étaient pas apparents, l'application de la garantie décennale ou de la garantie de bon fonctionnement ou même de la garantie de parfait achèvement, est envisageable. Encore faut-il que le contexte se prête à leur mise en œuvre.

Section 2. Le champ d'application des garanties légales

Le domaine des trois garanties légales a été ébauché par le législateur, et précisé par les tribunaux. Doivent être envisagés successivement les champs d'application respectifs de la garantie décennale (§ 1), de la garantie de bon fonctionnement (§ 2), et de la garantie de parfait achèvement (§ 3).

§ 1. Le champ d'application de la garantie décennale

Le champ d'application de la garantie décennale est déterminé par l'objet (A) et les sujets de cette garantie (B).

A. L'objet de la garantie

La garantie décennale s'applique aux désordres affectant un ouvrage ou un élément d'équipement indissociable de l'ouvrage, qui constituent les deux sièges possibles du dommage (1). Ces dommages doivent au surplus présenter certains caractères de gravité (2).

1. Le siège du dommage

La garantie décennale est mise en œuvre, si le désordre affecte un ouvrage (C. civ., art. 1792) (a) ou un élément d'équipement indissociable de l'ouvrage (C. civ., art. 1792-2) (b).

a) L'ouvrage

L'article 1792 du Code civil subordonne la mise en jeu de la garantie décennale à l'existence d'un désordre affectant un ouvrage. Le législateur n'a cependant pas défini cette notion d'ouvrage.

Les tribunaux ont pallié cette lacune en imposant une interprétation toujours plus extensive de la notion d'ouvrage, destinée à élargir le champ d'application de la garantie décennale. Le terme générique d'ouvrage englobe les édifices et les bâtiments. Par édifice, il faut entendre ce qui s'élève au dessus du sol, à l'exception de ses aménagements tels que les routes ou les terrains de sport. Le bâtiment désigne usuellement un édifice creux à l'intérieur duquel l'homme est appelé à se mouvoir. Plus généralement, l'ouvrage peut être défini comme toute construction de caractère immobilier avec ses éléments constitutifs et d'équipement. Sont ainsi assimilés à un ouvrage des voies et réseaux divers même s'ils ne sont pas rattachés à un bâtiment, ce qui conduit à soumettre à la garantie décennale un lotisseur qui a vendu des lots après les avoir viabilisés (Cass. 3e civ., 17 déc. 1997 : *Resp. civ. et assur.* 1998, comm. 120). De même, sont qualifiés d'ouvrages, un mur de soutènement (Cass. 3e civ., 12 mai 1993 : *JCP G* 1993, IV pan. jurispr. p. 2095), un court de tennis couvert ou de plein air (Cass. 3e civ., 26 oct. 1988 : *Bull. civ.* III, n° 145), une cheminée dont l'installation comporte la création d'un enduit maçonné et d'un système de ventilation (Cass. 3e civ., 25 févr. 1998 : *Bull. civ.* III, n° 46), ou des clôtures entourant les jardins privatifs des villas d'une résidence (Cass. 3e civ., 17 févr. 1999 : *Bull. civ.* III, n° 38). Entre également dans la catégorie des ouvrages, une piscine en kit, dans la mesure où elle suppose la création d'une fosse, la constitution d'une assise de piscine en sous-oeuvre, et un dallage de béton en pourtour (Cass. 3e civ., 23 juin 1999 : *Resp. civ. et assur.* 1999, comm. 296).

Si la jurisprudence adopte une conception extensive de la notion d'ouvrage, elle ne considère pas pour autant que toute construction doit être assimilée à un ouvrage quelle que soit sa forme. Ainsi, une maison mobile et simplement posée sur le sol sans travaux de fondation, ne constitue pas un ouvrage (Cass. 3e civ., 28 avr. 1993 : *AJPI* 1994, p. 377, obs. J.P. Karila). Le critère de détermination des ouvrages serait dès lors leur fixité au sol. Pour répondre à cette qualification, il faudrait des fondations ou au moins, en cas de mobilité, des travaux d'implantation dans le sol. Cette interprétation a été depuis confirmée. Ainsi un silo constitue un ouvrage, si ses pièces assemblées sont rivées à des fondations (Cass. 1e civ., 20 déc. 1993 : *Bull. civ.* I, n° 374). Suivant le même raisonnement, une serre relève de la notion d'ouvrage, dans la mesure où son mode d'implantation est une immobilisation par incorporation au sol de toute la structure porteuse (Cass. 3e civ., 2 mars 1999 : *RD imm.* 1999, p. 258, obs. Ph. Malinvaud et B. Boubli).

Depuis quelques années, le contentieux relatif à la qualification d'ouvrage s'est essentiellement concentré sur les travaux réalisés en vue d'une modification (agrandissement, rénovation, entretien...) de la construction initiale, lorsque les dommages affectent les ouvrages préexistants. S'agissant des travaux de réhabilitation, les tribunaux ont établi une distinction selon la nature et l'ampleur des prestations réalisées. Les travaux de rénovation ont été assimilés à la réalisation d'ouvrages, à condition de revêtir une certaine importance (Cass. 3e civ., 30 mars 1994 : *Bull. civ.* III, n° 70).

Ainsi, dans un arrêt du 31 janvier 1996, la Cour d'appel de Paris a procédé à plusieurs constats de nature à établir l'existence d'un ouvrage (ravalement de l'immeuble, changement de destination des lieux avec transformation d'une remise en local à usage d'habitation, modification de la structure avec construction de cloisons intérieures, délivrance d'un permis de construire au vu d'un projet architectural, importance du prix de 140000 francs). « Au vu de l'ensemble de ces éléments techniques, il n'apparaît pas sérieusement contestable qu'il s'agissait, non d'une simple rénovation, mais bien de la construction d'un ouvrage au sens de l'article 1792 du Code civil » (CA Paris, 31 janv. 1996 : *RD imm.* 1996, p. 215, obs. Ph. Malinvaud et B. Boubli). Aucun critère précis n'était cependant utilisé au stade de la qualification.

Pour limiter l'insécurité engendrée par cette incertitude, la Cour de cassation exerçait un contrôle réel sur les solutions adoptées. Dans un litige où un maître de l'ouvrage voulait faire jouer la garantie décennale pour obtenir réparation du préjudice résultant de l'effondrement de sa maison à la suite de travaux réalisés sur la toiture, une cour d'appel l'avait débouté de sa demande au motif que l'entrepreneur n'avait pas confectionné de nouvel appareillage et que sa facture était d'un montant modeste. La Cour de cassation a censuré cette décision après avoir constaté que les travaux avaient apporté à la toiture des éléments nouveaux tels que des voliges ou une panne faîtière. Les travaux de rénovation étaient d'une ampleur suffisante pour justifier la mise en oeuvre de la garantie décennale (Cass. 3e civ., 9 nov. 1994 : *RD imm.* 1995, p. 106, obs. Ph. Malinvaud et B. Boubli).

Les travaux d'entretien ont fait l'objet de plusieurs interventions jurisprudentielles divergentes. Certaines décisions se sont référées à leur nature, pour admettre ou non la qualification d'ouvrage. La réalisation de travaux à des fins esthétiques excluait la qualification d'ouvrage. Il en était ainsi en cas d'application de peintures, lorsqu'elle n'avait pas pour objet d'assurer l'étanchéité d'un bâtiment (Cass. 3e civ., 18 déc. 1996 et 29 janv. 1997 : *RD imm.* 1997, p. 238, obs. Ph. Malinvaud et B. Boubli). D'autres décisions ont préféré le critère de l'ampleur des travaux, en écartant la qualification d'ouvrage pour un ravalement ne comportant aucune reprise de maçonnerie et emportant une simple application de plâtre et de peinture (CA Paris, 6 et 8 mars 1991 : *RD imm.* 1991, p. 349, obs. Ph. Malinvaud et B. Boubli). Pour éviter de subir ces aléas jurisprudentiels, la seule solution consistait à prévoir la mise en jeu de la garantie décennale dans le contrat d'entreprise afférent à des travaux d'entretien. La juridiction saisie d'un litige se trouvait ainsi tenue par la volonté des parties de soumettre les travaux d'entretien, quelles que soient leur nature et leur ampleur, aux garanties légales des constructeurs (CA Versailles, 24 févr. 1995 : *RD imm.* 1996, p. 72, obs. Ph. Malinvaud et B. Boubli).

La Cour de cassation a récemment donné de nouvelles indications qui semblent clarifier les critères d'application de l'article 1792 du Code civil, dans l'hypothèse de désordres affectant des ouvrages existants. En l'espèce, des travaux d'agrandissement d'un immeuble avaient été réalisés, avec installation d'une cheminée suivant la technique dite de « l'insert ». Des malfaçons affectant l'insert avaient provoqué un incendie détruisant l'immeuble. Dès lors que l'entrepreneur avait mis en œuvre une technique de travaux de bâtiment, les dommages de nature décennale sont mis à la charge de son assureur de responsabilité sans distinction entre les parties nouvelles et anciennes de l'immeuble. Cette notion de « technique de travaux de bâtiment » est ainsi utilisée comme unique critère de qualification des ouvrages en cas de travaux réalisés sur existants (Cass. 1re civ., 29 févr. 2000 : *Resp. civ. et assur.* 2000, chron. 14, G. Courtieu).

Les tribunaux semblent se référer désormais à ce critère de l'utilisation de travaux de construction ou de bâtiment, lorsqu'il doivent déterminer s'ils sont ou non en présence d'un ouvrage. Ainsi, l'application de peintures, qui ont un rôle purement esthétique sans fonction d'étanchéité, ne constitue pas un travail de construction d'un ouvrage au sens de l'article 1792 du Code civil. (Cass. 3e civ., 27 avr. 2000 : *Bull. civ.* III, n° 88 ; *RD imm.* 2000, p. 346, obs. Ph. Malinvaud et B. Boubli ; *Defrénois* 2000, p. 1249, obs. H. Périnet-Marquet ; Cass. 3e civ., 16 mai 2001 : Constr.-urb. 2001, comm. 140).

Lorsque les travaux litigieux ne sont pas assimilables à un ouvrage, seule reste envisageable la responsabilité contractuelle de droit commun du constructeur.

b) L'élément d'équipement indissociable

L'article 1792-2, alinéa 1er, du Code civil étend la présomption de responsabilité du constructeur aux "dommages qui affectent la solidité des éléments d'équipement d'un bâtiment, mais seulement lorsque ceux-ci font indissociablement corps avec les ouvrages de viabilité, de fondation, d'ossature, de clos ou de couvert".

Ce texte a soulevé des difficultés d'interprétation, puisque ne sont définis ni le terme de « bâtiment », ni celui d' « élément d'équipement ». Les décisions jurisprudentielles nous permettent cependant de cerner la notion de bâtiment, qui s'avère in fine plus restrictive que celles d'ouvrage ou d'édifice. L'article A 241-2 du Code des assurances, annulé par le Conseil d'Etat, définissait les travaux de bâtiment comme ceux destinés à "réaliser ou modifier les constructions élevées sur le sol à l'intérieur desquelles l'homme est appelé à se mouvoir et qui offrent une protection au moins partielle contre les agressions des éléments naturels extérieurs". Malgré la suppression du texte, la définition reste d'actualité. Les tribunaux appliquent aux bâtiments ainsi définis, les dispositions de l'article 1792-2 du Code civil, sans distinguer selon l'usage du bâtiment (d'habitation, commercial ou industriel). Il n'y a pas non plus de distinction à faire selon la fréquentation du bâtiment (accueil du public ou usage personnel). La seule limite concerne la fréquence de la présence de l'homme dans le bâtiment. Si une structure dans laquelle l'homme ne pénètre qu'occasionnellement constitue un bâtiment (hangar, étable...), les ouvrages qui n'ont pas vocation à accueillir l'homme, et dans lesquels il ne pénètre d'ailleurs que très rarement, ne sont pas assimilés à des bâtiments (châteaux d'eau, égouts, silos...).

Les textes n'ont pas plus défini la notion « d'élément d'équipement », les articles 1792 et 1792-2 du Code civil instituant simplement une différence entre les éléments d'équipement et les ouvrages. La conception extensive de l'ouvrage rend délicate la distinction entre les ouvrages et les éléments d'équipement. Se pose en premier lieu la question de savoir si l'article 1792-2 s'applique aux seuls éléments d'équipement qui participent à la fonction construction, ou concerne aussi ceux qui ont pour vocation de satisfaire la destination industrielle ou commerciale de l'ouvrage.

La 1re Chambre civile de la Cour de cassation s'est initialement prononcée dans l'hypothèse d'un magasin de stockage de céréales, les dommages litigieux affectant l'équipement de ventilation et de désilage du silo. La cour d'appel avait rejeté les prétentions du demandeur, au motif que l'intervention de l'assureur dommage-ouvrage devait être limitée aux malfaçons affectant un élément d'équipement remplissant une fonction de construction, par opposition à ceux dont la fonction est industrielle. La 1re Chambre civile a au contraire considéré qu'il n'y avait pas lieu de distinguer selon que « les techniques des travaux de bâtiment mises en œuvre concernaient un local d'habitation ou un local industriel ou commercial » (Cass. 1re civ., 26 mars 1996 : *Resp. civ. et assur.* 1996, chron. 26, H. Groutel). Autrement dit, la 1re Chambre civile se contente de l'existence de travaux de bâtiment pour admettre la mise en jeu de la garantie décennale, sans attacher la moindre importance à la fonction construction, industrielle ou commerciale remplie par l'élément d'équipement.

Cette jurisprudence a été confirmée par la 3e Chambre civile de la Cour de cassation, s'agissant d'un marché de construction d'une porcherie industrielle, qui comprenait l'édification d'un bâtiment et l'installation d'une machine à soupe automatisée défectueuse. La Cour d'appel avait condamné l'entrepreneur au titre de la garantie décennale, au motif que le matériel litigieux constituait « un élément d'équipement dont le mauvais fonctionnement rendait l'ouvrage impropre à sa destination ». La Cour de cassation a censuré cette décision, au motif que la cour d'appel aurait dû « rechercher si le matériel atteint de désordres relevait des travaux de construction faisant l'objet de la garantie légale » (Cass. 3e civ., 22 juill. 1998, *JCP G* 1998, II, 10183, note H. Périnet-Marquet). Certes la Cour de cassation exclut les désordres affectant la machine à soupe du champ d'application de la garantie décennale. Mais ce n'est pas la fonction industrielle de cet élément d'équipement qui est en cause. L'élément déterminant de la mise en oeuvre des articles 1792 et suivants du Code civil semble bien résider dans l'utilisation de « techniques de travaux de construction ». Ce même critère des travaux de bâtiment ou de construction a de nouveau été utilisé pour exclure du champ d'application de la garantie décennale, des désordres affectant l'appareillage destiné à automatiser la fabrication du champagne (Cass. 3e civ., 4 nov. 1999 : *Bull. civ.* III, n° 209), et des silos destinés à l'alimentation du bétail (Cass. 3e civ., 20 juin 2001 : *Resp. civ. et assur.* 2001, comm. 300). L'utilisation de techniques de travaux de bâtiment explique en revanche l'application de l'article 1792 du Code civil, en cas de malfaçons affectant une installation frigorifique (Cass. 3e civ., 18 juill. 2001 : *Resp. civ. et assur.* 2001, comm. 323).

La notion d'indissociabilité a une portée moindre. Dès lors que la défaillance de l'élément d'équipement entraîne une impropriété à destination ou une atteinte à la solidité de l'ouvrage, l'article 1792 du Code civil s'applique, sans qu'il soit nécessaire de déterminer si l'élément d'équipement est ou non indissociable (Cass. 3e civ., 23 janv. 1991 : *Bull. civ.* III, n° 30.– Cass. 3e civ., 28 févr. 1996 : *Bull. civ.* III, n° 57). En revanche, lorsque l'élément d'équipement n'affecte pas l'ouvrage dans son entier, le maître d'ouvrage, s'il veut évoquer les principes de la garantie décennale, devra démontrer que l'élément d'équipement litigieux répond à l'exigence d'indissociabilité et qu'il est affecté dans sa solidité. L'alinéa 2 de l'article 1792-2 du Code civil dispose qu'un élément d'équipement est indissociable de l'ouvrage quand "sa dépose, son démontage ou son remplacement ne peut s'effectuer sans détérioration ou enlèvement de matière de cet ouvrage".

Les tribunaux ont fait une application sans surprise de cette disposition. Ainsi, ont été perçus comme des éléments d'équipement indissociables, un dallage dont la dépose ne peut s'effectuer sans détérioration des ouvrages d'ossature (CA Rouen, 31 mai 1988 : *Gaz. Pal.* 1989, 1, somm. p. 97), des revêtements de façades en pâte de verre, parce qu'ils ne peuvent être assimilés à des éléments mobiles pouvant être enlevés sans détérioration du support (CA Paris, 15 oct. 1991 : *D.* 1991, IR. p. 291). En revanche, sont jugées dissociables, des canalisations simplement fixées au plancher d'un sous-sol et démontables sans atteinte au gros-oeuvre (Cass. 3e civ., 12 mai 1993 : *Gaz. Pal.* 1994, 1, somm. p. 133). Plus généralement, l'application de l'article 1792-2 du Code civil est exclue en présence d'éléments que l'on peut aisément démonter ou déplacer (portes, partie mobile des fenêtres, appareils électriques, moquettes, faux-plafonds et autres éléments de cuisine).

La loi de 1978 ne se contente pas de subordonner la mise en œuvre de la garantie décennale à la présence de dommages affectant un ouvrage ou un élément d'équipement indissociable de l'ouvrage. Elle précise également les caractères que doivent revêtir les dommages.

2. Les caractères du dommage

L'article 1792 du Code civil contient des indications relatives à l'origine du dommage (a), la clandestinité du dommage (b), et les conséquences du dommage (c).

a) L'origine du dommage

L'article 1792 dispose : "Tout constructeur d'un ouvrage est responsable de plein droit (...) des dommages, même résultant d'un vice du sol...". Le législateur admet ainsi que les dommages résultant d'un vice du sol sur lequel la construction a été édifiée, sont couverts par la garantie décennale, sous réserve que les autres conditions d'application de cette garantie soient réunies. Autrement dit, les constructeurs ne sauraient s'exonérer de leur responsabilité, en démontrant qu'un vice du sol est à l'origine du désordre. Le législateur impose au constructeur de garantir la compatibilité entre l'immeuble réalisé et le sol d'assise ainsi que les terrains surplombant la construction. Le constructeur devra à cet effet réaliser ou faire réaliser une étude de sol préalable aux travaux.

Ainsi, dans une espèce où un premier entrepreneur avait refusé le chantier compte tenu du risque d'effondrement d'une falaise et ou un second entrepreneur avait au contraire accepté le chantier, sans inclure dans ses prévisions financières une étude préalable du sol et un renforcement de la falaise, la 3e Chambre civile a considéré que le second entrepreneur avait délibérément accepté les risques résultant de l'absence d'étude préalable du sol et l'a déclaré responsable des dommages résultant du vice du sol (Cass. 3e civ., 19 janv. 1994 : *Dr. et patrimoine* 1994, n° 16, p. 60). Par ailleurs, si le constructeur est tenu de fournir au maître d'ouvrage toutes les informations relatives à l'état du terrain et s'il doit émettre les réserves qui s'imposent, il n'est que partiellement responsable quand le maître d'ouvrage, ayant pris connaissance des vices du sol, persiste à vouloir construire. Il peut y avoir en pareil hypothèse un partage de responsabilité (Cass. 3e civ., 19 janv. 1994 : *Bull. civ.* III, n° 6). Enfin, la responsabilité des constructeurs est limitée aux dommages prévisibles. Autrement dit, si les constructeurs établissent qu'ils ont procédé aux investigations appropriées (qui consistent, selon la jurisprudence, à des études de sol "sérieuses"), leur responsabilité ne peut être retenue quand un dommage résulte d'un vice du sol. Par exemple, lorsque les dommages résultent de déplacements de terrains que les sondages opérés dans les règles de l'art ne pouvaient laisser présager, la responsabilité du constructeur ne peut être engagée. Il s'agit là d'une application particulière des dispositions de l'article 1792, alinéa 2, du Code civil, d'où il résulte que la responsabilité décennale du constructeur n'est pas engagée s'il prouve que « les dommages proviennent d'une cause étrangère ».

Outre le vice du sol, le dommage peut également trouver son origine dans un vice de la construction ou dans un défaut de conformité de l'ouvrage. Sur ce dernier point, le défaut de conformité doit avoir provoqué un désordre de nature décennale (Cass. 3e civ., 20 nov. 1991 : *Bull. civ.* III, n° 278). Dans certaines hypothèses, le défaut de conformité pourra justifier la mise en œuvre de la garantie décennale, lorsqu'il en résulte une impropriété à destination telle qu'un risque d'inondation à la suite d'une erreur d'implantation (CA Grenoble 11 déc. 1995 : *JCP G* 1996, IV, pan. jurispr. p. 2224).

b) La clandestinité du dommage

N'entrent dans le champ d'application de la garantie décennale, que les dommages cachés à la réception. Par opposition, en sont exclus les désordres apparents ou connus du maître d'ouvrage à la date de la réception.

La loi de 1967 subordonnait expressément la mise en jeu de la responsabilité décennale à l'existence de vices cachés. La loi de 1978 n'y fait, quant à elle, aucune référence expresse. Mais les tribunaux ont maintenu les solutions antérieures.

En principe, la charge de la preuve du caractère caché du dommage devrait incomber au maître d'ouvrage, demandeur à l'action en responsabilité (C. civ., art. 1315, al. 1 : « Celui qui réclame l'exécution d'une obligation doit la prouver »). Une présomption de clandestinité est néanmoins admise par les tribunaux en faveur du maître d'ouvrage. C'est donc au défendeur à l'action en responsabilité d'établir le caractère apparent du vice à la date de la réception de l'ouvrage. Le locateur d'ouvrage doit prouver que le désordre est apparent à trois égards. C'est ce qui résulte d'une décision de la 3e Chambre civile de la Cour de cassation, rendue le 12 février 1997 (*RD imm.* 1997, p. 239, obs. Ph. Malinvaud et B. Boubli). Le désordre doit tout d'abord être apparent dans ses manifestations, ce qui implique qu'il soit extérieurement visible au moment de la réception. Le désordre doit être également apparent dans ses causes, ce qui suppose que le vice à l'origine du désordre soit identifié par le maître d'ouvrage. Enfin, le désordre doit être apparent dans ses conséquences dommageables, ce qui suppose que l'étendue du sinistre soit connue du maître d'ouvrage au moment de la réception. Un vice est caché dès lors qu'un seul de ces trois éléments fait défaut.

Les tribunaux font généralement de ces critères une application très favorable au maître d'ouvrage. Sont ainsi considérés comme non apparents, les vices que ne pouvait percevoir un maître d'ouvrage profane. Autrement dit, Le caractère apparent ou caché d'un vice est apprécié en fonction des compétences techniques du maître d'ouvrage, par référence à un individu normalement diligent tenu de procéder à des vérifications élémentaires. La présence à ses côtés de professionnels, n'est pas prise en compte. En particulier, les tribunaux ne se préoccupent pas de l'intervention d'un architecte mandaté par le maître d'ouvrage, pour procéder aux opérations de réception (Cass. 3e civ., 17 nov. 1993 : *JCP G.* 1994, IV, pan. jurispr. p. 19). Cette solution élargit la sphère des dommages non apparents, et étend par là même le champ d'application de la garantie décennale. Par exemple, des désordres affectant une installation électrique dissimulée ne sont pas visibles par un maître d'ouvrage profane. La mise en jeu de la garantie décennale est donc envisageable (Cass. 3e civ., 24 nov. 1987 : *JCP G* 1988, IV., panor. jurispr. p. 45). Il en est de même d'un défaut d'isolation phonique, de la hauteur insuffisante du niveau d'un plancher de rez-de-chaussée par rapport au sol ou d'un défaut de ventilation d'un garage.

La protection du maître d'ouvrage connaît néanmoins certaines limites. Ainsi, des désordres non apparents, mais effectivement connus du maître d'ouvrage au jour de la réception, ne peuvent donner lieu à la mise en œuvre de la garantie décennale. Dans une espèce où l'inondation d'un sous-sol était intervenue avant réception, révélant l'existence d'un vice du système d'étanchéité, le maître d'ouvrage qui n'a pas fait de réserve dans le procès-verbal de réception, ne peut valablement invoquer l'article 1792 du Code civil pour des désordres du même ordre survenus après réception (Cass. 3° civ., 11 févr. 1998 : *RD imm.* 1998, p. 260, obs. Ph. Malinvaud et B. Boubli).

Concernant le critère du désordre apparent dans ses conséquences dommageables, la jurisprudence protège davantage encore les intérêts du maître d'ouvrage. Des désordres apparents et signalés dans le procès-verbal de réception sont fréquemment assimilés à des désordres cachés, les tribunaux considérant qu'ils ne se sont révélés que postérieurement dans leur ampleur et dans leurs conséquences. Par exemple, l'humidité des joints d'une façade découverte à l'occasion d'une inondation antérieure à la réception, et qui s'est révélée dans son ampleur après la réception, est un désordre non apparent (Cass. 3e civ., 23 avr. 1997 : *RD imm.* 1997, p. 448, obs. Ph. Malinvaud et B. Boubli).

Dans un arrêt récent, la Cour de cassation s'est livrée à une appréciation particulièrement large de la clandestinité des dommages. Des particuliers avaient vendu la maison qu'ils avaient fait construire et, à la suite de désordres, furent assignés par les acheteurs sur le fondement de l'article 1792 du Code civil. La cour d'appel ayant donné satisfaction aux demandeurs, les vendeurs ont formé un pourvoi, invoquant le caractère apparent des désordres pour échapper à la garantie décennale. Ils ont soutenu que les désordres étaient visibles à l'œil nu au moment de la vente, s'appuyant à cet effet sur un constat d'huissier décrivant l'étendue et les conséquences des désordres. L'huissier étant intervenu avant la vente et à la demande des acheteurs qui occupaient déjà les lieux, il était plaidé que ces derniers ne pouvaient de facto ignorer l'existence des désordres. Pourtant, la 3e Chambre civile a confirmé la clandestinité des désordres et la mise en jeu de la garantie décennale, en affirmant laconiquement qu'un « défaut apparent est un défaut visible dans toutes ses conséquences et toute son étendue par un maître d'ouvrage profane » (Cass. 3e civ., 23 févr. 2000 : *Resp. civ. et assur.* 2000, comm. 159). Cette décision s'explique dans la mesure où le maître d'ouvrage, s'il peut effectivement constater certains dommages apparents à la réception, ne connaîtra que rarement leurs conséquences et encore moins leurs causes, éléments techniques s'il en est.

Outre cette condition de clandestinité appréciée au moment de la réception, les textes soumettent l'application de la garantie décennale à une exigence de gravité. Les dommages doivent en ce sens porter atteinte à la solidité de l'ouvrage ou de ses éléments d'équipement, ou le rendre impropre à sa destination. En l'occurrence, les tribunaux se livrent à des interprétations soumises à un même souci de protection du maître d'ouvrage

c) Les conséquences du dommage

L'article 1792 du Code civil dispose : « Tout constructeur d'un ouvrage est responsable de plein droit, envers le maître ou l'acquéreur de l'ouvrage, des dommages [...] qui compromettent la solidité de l'ouvrage ou qui, l'affectant dans l'un de ses éléments constitutifs ou l'un de ses éléments d'équipement, le rendent impropre à sa destination ».

La Cour de cassation exige des juridictions du fond qu'elles se réfèrent expressément à l'atteinte à la solidité de l'ouvrage ou à son impropriété à destination. Le simple constat détaillé du dommage est en lui même insuffisant. Par exemple, à propos de désordres apparus sur une toiture par l'effet d'un coup de vent, une cour d'appel ne pouvait se contenter de constater l'existence de malfaçons (déformation des fermettes, défaut de crochetage des deux premières rangées de tuiles) pour retenir la responsabilité décennale des constructeurs. La 3e Chambre civile lui a reproché de ne pas avoir « recherché si les désordres étaient de nature à compromettre la solidité de l'immeuble ou, l'affectant dans l'un de ses éléments constitutifs ou l'un de ses éléments d'équipement, à le rendre impropre à sa destination » (Cass. 3e civ., 6 déc. 2000 : *Resp. civ. et assur.*, comm. 83).

De même, la 3e Chambre civile censure la décision d'une cour d'appel qui avait constaté l'impropriété à destination d'enduits de façades d'un immeuble « en raison de leur mauvaise qualité mécanique et de leur épaisseur insuffisante selon les zones, ce qui avait pour effet de faire apparaître non seulement des zones de faïençage mais surtout des délitements et décollements évolutifs (...). En statuant ainsi sans rechercher si les désordres étaient de nature à compromettre la solidité de l'immeuble ou à le rendre impropre à sa destination, la cour d'appel n'a pas donné de base légale à sa décision » (Cass. 3e civ., 2 oct. 2001 : *Resp. civ. et assur.* 2001, comm. 368). Il est vrai qu'en l'espèce, les juges du fond avaient concentré leur motivation sur l'impropriété à destination du produit utilisé, sans évoquer expressément l'impropriété à destination susceptible d'en résulter pour l'ouvrage lui-même.

Les dommages qui compromettent la solidité de l'ouvrage sont incontestablement les plus graves, puisqu'ils portent atteinte à la pérennité de l'ouvrage. C'est la stabilité ou le caractère durable de l'ouvrage qui doit être en péril. Cette exigence limite les hypothèses d'atteinte à la solidité de l'ouvrage. On peut cependant citer le cas d'un glissement de terrain ayant pour effet de déstabiliser l'assise de l'ouvrage au point d'imposer son évacuation (Cass. 3e civ. 14 novembre 1984 : *RD imm.* 1985, p. 158, obs. Ph. Malinvaud et B. Boubli). Le phénomène des fissurations affectant les façades d'immeubles a par ailleurs nourri un important contentieux. Sont à cet égard distinguées « les fissures traversantes » qui compromettent la solidité de l'ouvrage et relèvent donc de la garantie décennale des « micro-fissurations » seulement inesthétiques qui en sont exclues (CA Paris, 28 sept. 1978 : *RD imm.* 1979, p. 70, obs. Ph. Malinvaud et B. Boubli). Sur un plan général, les tribunaux font de la notion d'atteinte à la solidité de l'ouvrage une interprétation restrictive. Ainsi, l'atteinte à la solidité de l'ouvrage n'a pas été retenue pour un défaut d'étanchéité n'occasionnant que des dégâts extérieurs, sans provoquer d'infiltration à l'intérieur du bâtiment (Cass. 3e civ., 10 déc. 1986 : *Bull. civ.* III, n° 178 ; Cass. 3e civ. 9 déc. 1998 : *Resp. civ. et assur.* 1999, comm. 41).

La sévérité de la jurisprudence concernant l'appréciation de l'atteinte à la solidité de l'ouvrage, est « compensée » dans une certaine mesure, par la conception extensive de l'impropriété à la destination de l'ouvrage. Quand ils ne constatent pas l'atteinte à la solidité de l'ouvrage, les tribunaux conservent la possibilité d'observer que les désordres provoquent une impropriété à destination. Cette impropriété doit affecter l'ouvrage dans son entier et ne pas être limitée à l'élément constitutif ou l'élément d'équipement concerné (Cass. 3e civ. 9 janvier 1991 : *Bull. civ.* III, n° 111). Elle s'apprécie en outre par référence à la destination de l'ouvrage telle que convenue entre les parties : habitation, garage, salles de spectacles…(Cass. 3e civ. 11 février 1998 : *RD imm.* 1998, p. 261, obs. Ph. Malinvaud et B. Boubli).

Partant, le premier critère de l'impropriété à destination est celui de la "situation intolérable perturbant la vie des occupants". Tel n'est pas le cas pour des désordres affectant des peintures, au rôle purement esthétique, quelles que soient les conséquences quant à la destination des lieux (Cass. 3e civ., 27 avril 2000 : *D.* 2000, IR. p. 150). En d'autres termes, une exigence de gravité demeure, et l'impropriété à destination n'est relevée que si les désordres ont des conséquences sérieuses. Ainsi, l'absence d'étanchéité des façades d'un immeuble, qui conduit l'eau à pénétrer à l'intérieur des appartements, provoquant une forte humidité et des dégradations, rend l'immeuble impropre à sa destination. La solution s'impose dans la mesure où l'utilisation de l'ouvrage est sérieusement compromise (Cass. 3e civ., 8 oct. 1997 : *RD imm.* 1998, p. 96, obs. Ph. Malinvaud et B. Boubli). La solution sera la même pour un vice consistant dans l'exiguïté de la rampe d'accès à des garages, rendant ceux-ci inutilisables pour des voitures de dimensions courantes (Cass. 3e civ., 9 juin 1999 : *JCP G* 1999, II, 10215, note M. Billiau ; *RTD civ.* 2000, p. 118, obs. P. Jourdain).

Il faut aussi relever certaines décisions, qui reflètent la conception parfois extensive que les tribunaux ont de la notion d'impropriété à destination. Pour un système d'étanchéité qui n'avait pas supporté l'agression de racines de bambous installés dans une jardinière, la responsabilité décennale de l'entrepreneur spécialiste de l'étanchéité a été engagée, au motif qu'il aurait dû proposer un système susceptible de résister à l'agression (Cass. 3e civ., 17 déc. 1997 : *RD imm.* 1998, p. 261, obs. Ph. Malinvaud et B. Boubli). De même, une résidence hôtelière a été jugée impropre à sa destination, par suite de la dégradation des tablettes supportant les vasques des salles de bains (Cass. 3e civ., 23 janvier 1991 : *D.* 1991, jurispr. p. 593). Cette dernière décision doit être rapprochée de celles qui admettent l'impropriété, bien qu'elle n'affecte que « pour partie » la destination de l'ouvrage (Cass. 2e civ. 8 octobre et 19 novembre 1997 : *RD imm.* 1998, p. 96, obs. Ph. Malinvaud et B. Boubli).

La question des nuisances sonores suscite un abondant contentieux. Les grincements affectant les parquets du hall d'une maison rendent celle-ci impropre à sa destination. Ce n'est en revanche pas le cas des grincements affectant les parquets des autres pièces, dans lesquelles la circulation est habituellement réduite (Cass. 2e civ., 19 nov. 1997 : *RD imm.* 1998, p. 96, obs. Ph. Malinvaud et B. Boubli). Les nuisances sonores provenant d'une maison mitoyenne ne perturbent pas suffisamment la vie des occupants pour rendre l'ouvrage impropre à sa destination. Elles ne constituent donc pas un vice de nature décennale (Cass. 3e civ., 10 nov. 1998 : Resp. civ. et assur. 1999, comm. 13).

A propos de ces nuisances sonores, il faut préciser que le défaut d'isolation phonique peut être soumis à la garantie de parfait achèvement, sous réserve de la réunion des conditions énumérées à l'article L. 111-11 du Code de la construction et de l'habitation (V. *infra*). Ceci étant, la garantie de parfait achèvement n'est pas exclusive de la garantie décennale. Le maître d'ouvrage dispose d'une option entre l'article 1792 du Code civil et l'article L. 111-1 du Code de la construction et de l'habitation. La mise en jeu de la responsabilité décennale reste néanmoins subordonnée au fait que les nuisances sonores rendent l'ouvrage impropre à sa destination. La Cour de cassation l'a rappelé dans une espèce où la propagation des bruits dans les chambres rendait un hôtel impropre à sa destination (Cass. 3e civ., 12 févr. 1997 : *RD imm.* 1997, p. 239, obs. Ph. Malinvaud et B. Boubli).

La notion d'impropriété à destination ne s'apprécie pas seulement en fonction de la perturbation provoquée dans la vie des occupants. Est également prise en compte la dangerosité de l'ouvrage, que ce danger concerne les occupants ou des tiers (simples passants...). Par exemple, il est admis que le défaut de conformité d'un immeuble aux règlements de sécurité incendie le rend impropre à sa destination (Cass. 3e civ., 30 juin 1998 : *RD imm.* 1999, p. 105, obs. Ph. Malinvaud et B. Boubli). L'impropriété à destination induite par un critère de dangerosité est aussi retenue dans l'hypothèse de la dénivellation d'un sol susceptible de provoquer des chutes, d'une installation de gaz présentant un risque d'explosion ou d'une toiture dépourvue d'un système de protection contre les chutes de glace (Cass. 3e civ., 30 juin 1998 : Constr.-urb. 1998, p. 11).

Les tribunaux peuvent être encore amenés à prendre en compte la finalité de l'ouvrage, qui ne consiste pas seulement à offrir une jouissance paisible à ses occupants. C'est en particulier le cas en présence de désordres de nature purement esthétique qui sont en principe exclus de la garantie décennale, car ils ne compromettent pas la solidité de l'ouvrage ni ne le rendent impropre à sa destination. Ainsi, des fissurations superficielles d'un carrelage ne relèvent pas de la garantie décennale, mais de la responsabilité contractuelle de droit commun pour faute prouvée (Cass. 3e civ., 9 déc. 1998 : *Resp. civ. et assur.* 1999, comm. 41). La solution est différente, lorsque la preuve est faite de la finalité à dominante esthétique de l'ouvrage litigieux. Il en est ainsi en cas de traces rougeâtres, irréversibles et évolutives, affectant la totalité des poutres apparentes en bois d'un immeuble de prestige, dont la réalisation a été axée sur l'esthétique. La vocation esthétique de l'immeuble justifie en l'occurrence son impropriété à destination en raison des désordres, et la responsabilité décennale du constructeur (TGI Paris, 24 mai 1993 : *RD imm.* 1993, p. 381, obs. Ph. Malinvaud et B. Boubli).

Pour déterminer l'impropriété à destination d'un ouvrage, et par là même sa nature ou non décennale, les tribunaux peuvent enfin tenir compte de l'évolution prévisible du désordre litigieux.

Ainsi seront assimilées à un dommage de nature décennale, des fissures propres à produire de façon certaine des infiltrations qui rendront l'immeuble impropre à sa destination (Cass. 3e civ., 17 avril 1991 : *Bull. civ.* III, n° 118). Il en sera de même des chutes inévitables de plaques (Cass. 3e civ., 26 janv. 1993 : Resp. civ et assur. 1993, comm. 168). Le préjudice résulte d'un dommage futur. Mais il est en l'occurrence assimilé à un dommage déjà réalisé, puisqu'il apparaît certain qu'il entraînera une impropriété à destination ou une atteinte à la solidité de l'ouvrage. Certes la Cour de cassation, dans un arrêt d'espèce, a écarté l'application de la garantie décennale au motif que « les désordres litigieux ne compromettaient pas, au stade actuel, la solidité de l'ouvrage et ne le rendaient pas impropre à sa destination ». La 3e Chambre civile sanctionnait ainsi une juridiction du fond qui avait retenu la notion « de dommages certains et inéluctables à brève échéance » (Cass. 3e civ., 19 juin 1996 : *Bull. civ.* III, n° 149).

Il ne faut pas néanmoins en déduire l'abandon de la jurisprudence qui admet la réparation du préjudice futur. Des circonstances particulières justifiaient en effet une telle décision. La cour d'appel avait notamment statué plus de douze ans après la réception de l'ouvrage, sans constater l'existence de « dégradations importantes » que l'expert judiciaire avait annoncées comme « inéluctables » quatre ans plus tôt. Cette décision devrait donc restée isolée, ce que semble confirmer un récent arrêt de la Cour de cassation selon lequel « la garantie décennale couvre les conséquences futures des désordres dont la réparation a été demandée au cours de la période de garantie ». En l'occurrence, la Cour de cassation a reproché à une Cour d'appel d'avoir exclu la garantie décennale, sans constater le caractère éventuel du préjudice (Cass. 3e civ., 16 mai 2001 : *Bull. civ.* III, n° 62). Autrement dit, un dommage évolutif est de nature décennale, sous réserve qu'il entraîne à terme et de façon certaine une impropriété à destination ou une atteinte à la solidité de l'ouvrage.

La même solution est a fortiori adoptée concernant des dommages de nature décennale initialement dénoncés, et qui s'aggravent au cours d'une même procédure. Lorsque le tribunal statue avant l'expiration du délai décennal, l'aggravation est prise en compte sans difficulté et de le même façon que le dommage initial. En revanche, si le tribunal statue après l'expiration du délai décennal, la question se pose de savoir si la prescription s'applique ou non aux aggravations. Confrontés à cette problématique, les tribunaux font application de la garantie décennale si trois conditions cumulatives sont réunies.

Premièrement, les dommages survenus hors délai doivent constituer effectivement l'aggravation des désordres initiaux et non pas des désordres nouveaux (Cass. 3e civ., 18 nov. 1992 : *Bull. civ.* III, n° 297). A cet égard, il est admis que l'aggravation puisse procéder d'une cause technique différente de celle ayant entraîné l'apparition du dommage initial. La Cour de cassation considère en effet que « la détermination de la cause des désordres est sans incidence sur le droit à réparation des victimes invoquant l'article 1792 du Code civil ». Elle sanctionne pour ce motif une cour d'appel qui avait rejeté la demande d'un maître d'ouvrage en réparation de fuites ayant une autre origine que les dommages initiaux, sans rechercher si ces nouveaux désordres ne constituaient pas l'aggravation des précédentes infiltrations (Cass. 3e civ., 20 mai 1998 : *Bull. civ.* III, n° 105). Il faut en déduire que la condition d'aggravation est satisfaite dès lors que les nouveaux désordres sont du même type que les précédents, indépendamment de leurs causes respectives.

La deuxième condition tient au fait que le dommage constituant l'aggravation doit procéder d'un désordre initial ayant été judiciairement dénoncé avant l'expiration du délai décennal (Cass. 3e civ., 3 déc. 1985 : *Bull. civ.* III, n° 159. – Cass. 3e civ., 16 mai 2001 : préc.).

Enfin, pour satisfaire la troisième condition, le dommage initialement dénoncé doit avoir été lui-même de nature décennale. Après avoir constaté que des dégâts extérieurs ne portaient ni ne risquaient de porter atteinte, dans un avenir prévisible, à la solidité de l'immeuble ou à sa destination, la 3e Chambre civile a admis que « ces désordres ne relevaient pas de la garantie décennale, sans que leur aggravation, résultant de l'apparition, après l'expiration du délai, d'infiltrations intérieures, soit susceptible de les faire entrer dans le champ d'application de cette garantie » (Cass. 3e civ., 10 décembre 1986 : *Bull. civ.* III, n° 178. – Cass. 3e civ., 13 février 1991 : *Bull. civ.* III, n° 52). Ce principe a été récemment confirmé par la Cour de cassation, qui a reproché à une cour d'appel d'avoir exclu la prise en charge d'aggravations alors que les vices initiaux, dénoncés dans le délai décennal, rendaient l'ouvrage impropre à sa destination, conformément aux exigences de l'article 1792 du Code civil (Cass. 3e civ., 16 mai 2001 : préc.).

B. Les sujets de la garantie

Les intervenants à l'acte de construire ne sont pas tous soumis aux mêmes garanties, ce qui implique d'identifier précisément les débiteurs de la garantie décennale (2). Parallèlement, doivent aussi être désignés les titulaires de la garantie (1).

1. Les bénéficiaires de la garantie

L'article 1792 du Code civil désigne expressément les deux bénéficiaires de la garantie décennale que sont le maître d'ouvrage et l'acquéreur de l'ouvrage. Le maître d'ouvrage, pour le compte duquel l'ouvrage a été réalisé, est le bénéficiaire initial de la garantie. Il perd son droit d'agir si l'ouvrage est vendu, l'action en responsabilité décennale étant alors transmise à l'acquéreur de l'ouvrage. Le législateur fait en l'occurrence une application implicite et particulière de la théorie de l'accessoire. La garantie décennale suit systématiquement l'immeuble dont elle est l'accessoire. Les tribunaux ont logiquement étendu le champ d'application de la théorie de l'accessoire au delà des prévisions légales, en transmettant le bénéfice de la garantie décennale aux sous-acquéreurs successifs de l'ouvrage. L'acquéreur et le sous-acquéreur jouissent de tous les droits et de toutes les actions attachés à la chose qui appartenait à leur auteur, notamment de l'action en responsabilité décennale. Bénéficie par exemple de la garantie décennale, celui qui achète en état futur d'achèvement un appartement à un promoteur (Cass. 3e civ., 9 juin 1999 : *RD imm.* 1999, p. 409, obs. Ph. Malinvaud et B. Boubli).

A la suite de l'aliénation de l'ouvrage, le maître de l'ouvrage initial conserve cependant la possibilité d'agir en responsabilité décennale, s'il justifie d'un intérêt direct et certain à agir. C'est le cas notamment lorsque le maître d'ouvrage établit avoir supporté des frais de remise en état antérieurement à la vente (Cass. 3e civ., 31 mai 1995 : *D.* 1995, IR. p. 159). L'hypothèse la plus fréquente est celle du maître d'ouvrage initial, assigné en qualité de vendeur par l'acquéreur, qui décide d'exercer ensuite une action en garantie à l'encontre des constructeurs (Cass. 3e civ., 12 juillet 1995 : *Bull. civ.* III, n° 177).

En revanche, les locataires ou les locataires-attributaires ne peuvent se prévaloir des dispositions de l'article 1792 du Code civil. Cette solution s'explique en raison de l'absence de lien contractuel direct entre le locataire et les constructeurs (Cass. 3e civ., 17 févr. 1999 : *Resp. civ. et assur.* 1999, comm. 181).

2. Les débiteurs de la garantie

L'article 1792-1 du Code civil énumère les constructeurs soumis à la garantie décennale (a). L'article 1792-4, alinéa 1er, du Code civil y inclut, sous certaines conditions, les fabricants (b).

a) Les constructeurs

En principe, les différents constructeurs soumis à la garantie décennale sont liés au maître d'ouvrage par un contrat de louage d'ouvrage (C. civ., art. 1792-1 1°). Le contrat de louage d'ouvrage se caractérise par l'engagement d'un entrepreneur envers un client, à exécuter un travail de manière indépendante et contre rémunération. L'exigence d'un rapport contractuel entre le maître d'ouvrage et les débiteurs de la garantie suffit à justifier l'exclusion des sous-traitants du champ d'application des articles 1792 et suivants du Code civil. Le maître d'ouvrage ou les acquéreurs successifs qui assignent un sous-traitant, devront donc se placer sur le terrain du droit commun de la responsabilité délictuelle (V. *infra*).

Les architectes et les techniciens (bureaux d'études techniques, bureaux de contrôle, ingénieurs, urbanistes, géomètres-experts...), cocontractants du maître d'ouvrage, sont responsables sur le fondement de l'article 1792 du Code civil, dans la limite de la mission qui leur a été contractuellement attribuée. Cette mission englobe totalement ou partiellement la conception de l'ouvrage (établissement des plans, études ou avants-projets, choix des matériaux et des techniques de mise en œuvre...), la direction, la surveillance des travaux et l'assistance à la réception. Les entrepreneurs sont également soumis à la garantie décennale, sous réserve que le contrat conclu avec le maître d'ouvrage soit un contrat de louage d'ouvrage. En pratique, les tribunaux opposent le contrat de louage de service qui autorise le maître d'ouvrage à donner des ordres et fournir des matériaux, au contrat de louage d'ouvrage qui suppose une totale indépendance juridique et technique de l'entrepreneur. La question se pose également de la distinction du contrat de louage d'ouvrage et du contrat de fourniture. La confusion entre les deux types de contrat est relativement fréquente, en raison du travail de pose qui accompagne souvent la fourniture des matériaux. Pour qualifier le contrat, les tribunaux ont longtemps tenu compte de l'importance respective du travail de pose et de la fourniture. Si la valeur de la main d'œuvre l'emportait sur celle de la matière, la qualification de louage d'ouvrage était retenue (Cass. com., 13 mai 1991 : *Gaz. Pal.* 1981, 2, pan. jurispr. p. 360). Par la suite, les critères de qualification du contrat ont évolué. Désormais, c'est la réalisation d'un travail « sur mesure » destiné à répondre aux besoins particuliers du maître d'ouvrage, qui établit l'existence d'un contrat de louage d'ouvrage (Cass. 1re civ., 14 déc. 1999 : *Bull. civ.* I, n° 340).

Parce qu'ils sont liés au maître de l'ouvrage par un contrat de louage d'ouvrage, les contrôleurs techniques sont eux aussi soumis à la garantie décennale (C. constr. et habitation, art. L. 111-24). Leur mission consiste à prévenir les différents aléas techniques susceptibles d'être rencontrés dans la réalisation des ouvrages (contrôle de la sécurité des ouvrages, sécurité des personnes, contrôle des performances acoustiques...). Par exemple, un contrôleur technique investi d'une mission portant sur les aléas susceptibles d'affecter la solidité d'un ouvrage, est responsable des désordres résultant du gonflement de matériaux utilisés pour la réalisation d'un remblai, parce qu'il ne s'est pas assuré que les qualités chimiques desdits matériaux avaient fait l'objet d'une vérification par l'entreprise chargée de leur mise en oeuvre (Cass. 3e civ., 28 févr. 2001 : Constr.-urb. 2001, comm. 141).

Qu'il soit assimilé à un constructeur (contrat avec fourniture de plan au sens de l'article L 231-1 du Code de la construction et de l'habitation) ou à un entrepreneur (contrat sans fourniture de plan au sens de l'article L 232-1 du même Code), le constructeur de maisons individuelles est également soumis à la garantie décennale.

A titre exceptionnel, certains intervenants à l'acte de construire sont débiteurs de la garantie décennale sans être pour autant liés au maître de l'ouvrage par un contrat de louage d'ouvrage. L'article 1646-1 du Code civil le spécifie concernant le vendeur d'un immeuble à construire. L'article 1792-1 2° du Code civil transpose cette règle aux vendeurs d'immeubles après achèvement. Ce sont donc désormais tous les vendeurs d'immeubles sans distinction qui sont soumis à la garantie décennale. Ainsi, le maître d'ouvrage qui construit pour son compte personnel et décide de vendre, est soumis à la garantie décennale si l'acquéreur décide d'agir à son encontre en réparation de désordres affectant la construction objet de la vente (Cass. 3e civ., 12 mars 1997 : Resp. civ. et assur. 1997, comm. 200). Le point de départ du délai décennal est fixé au jour de l'achèvement de l'ouvrage, non au jour de la vente. Dès lors, le maître d'ouvrage qui vend sa maison dans les dix ans suivant l'achèvement de travaux de rénovation, a la qualité de constructeur et peut voir sa responsabilité engagée sur le fondement de l'article 1792 du Code civil (Cass. 3e civ., 14 janv. 1998 : *RD imm.* 1998, p. 262, obs. Ph. Malinvaud et B. Boubli).

L'article 1792-1 3° vise également les mandataires du propriétaire de l'ouvrage, pourvu qu'ils accomplissent une mission assimilable à celle d'un locateur d'ouvrage. De façon générale, le mandataire participe à l'acte de construire par le biais d'un contrat de prestations de services, un contrat de gestion ou un contrat de mandat. Le mandataire est fréquemment investi d'une mission de maître d'ouvrage délégué. Les juridictions de l'ordre administratif dénient au maître d'ouvrage délégué la qualité de constructeur et limite sa responsabilité à l'hypothèse d'une faute commise dans l'exécution du mandat (CE, 12 janv. 1994 : *RD imm.* 1994, p. 244, obs. Ph. Malinvaud et B. Boubli). Les juridictions de l'ordre judiciaire ont adopté une position différente et font dépendre la qualité de constructeur du contenu du mandat. Ainsi, la Cour d'appel de Paris a retenu cette qualité, en prenant soin de relever que la mission du maître d'ouvrage délégué était comparable à celle d'un locateur d'ouvrage (CA Paris, 26 sept. 1989 : Juris-Data n° 1989-024762). A l'inverse, la Cour de cassation l'a écarté au motif qu'il n'avait pas été stipulé de rémunération au bénéfice du maître d'ouvrage délégué (Cass. 3e civ., 17 déc. 1997 : Constr.-urb. mars 1998, p. 10).

La situation du promoteur est particulière et tient au fait qu'il est investi d'une double mission. En premier lieu, le promoteur intervient en qualité de mandataire du maître d'ouvrage pour faire procéder, à un prix convenu, à la réalisation d'un programme de construction. En pratique, il s'agira d'un intermédiaire qui se charge de toutes les formalités juridiques, financières, et administratives, devant assurer l'accession à la propriété. La jurisprudence en a une conception extensive et retient le simple fait de prendre l'initiative, et par là même la responsabilité principale d'une opération immobilière (Cass. 3e civ., 27 févr. 1991 : *RD imm.* 1991, p. 229, obs. Ph. Malinvaud et B. Boubli). L'article 1831-1 alinéa 1er du Code civil fait alors peser sur le promoteur les mêmes obligations que celles mises à la charge des personnes avec lesquelles il a traité au nom du maître d'ouvrage, notamment la garantie décennale. En second lieu, le promoteur peut exécuter lui-même une partie des opérations de construction. Il a alors naturellement la qualité de constructeur, et supporte les obligations qui en découlent (C. civ., art. 1831-1, al. 2).

L'acte même de construire impose l'intervention concomitante de plusieurs constructeurs, ce qui conduit le maître d'ouvrage, en cas de désordre, à rechercher la responsabilité de plusieurs d'entre eux. La juridiction saisie du litige a la faculté de prononcer une condamnation *in solidum* de tous les intervenants à l'acte de construire, dès lors que les conditions de l'article 1792 du Code civil sont réunies. Chaque constructeur est de ce fait obligé à la totalité de la dette. Le bénéficiaire de la garantie décennale a dès lors la possibilité de choisir celui qui, le mieux assuré ou le plus solvable, exécutera la décision de justice. Il appartient ensuite au solvens d'exercer une action récursoire contre ses coobligés et de supporter le risque de leur éventuelle disparition ou insolvabilité.

b) Les fabricants

Les constructeurs ne sont pas seuls soumis à la garantie décennale. L'article 1792-4 du Code civil étend, sous certaines conditions, le champ d'application de la responsabilité décennale aux fabricants.

La responsabilité des fabricants est une responsabilité accessoire, dans la mesure où sa mise en œuvre suppose que la responsabilité d'un ou plusieurs constructeurs intervenant à l'acte de construire soit engagée sur le fondement de l'article 1792 du Code civil. Le texte spécifie plus précisément qu'il s'agit d'une responsabilité solidaire. La solidarité est en l'occurrence limitée aux rapports du fabriquant et du locateur d'ouvrage qui a mis en œuvre le produit concerné (Cass. 3e civ., 25 juin 1997 *Bull. civ.* III, n° 150). L'application de l'article 1792-4 du Code civil est donc exclue dans l'hypothèse où le produit est installé par le maître d'ouvrage lui-même ou par un sous-traitant. La solution se justifie dans la mesure où, aucun de ces deux intervenants n'est soumis par principe à la garantie décennale.

En pratique, les fabricants tentent d'échapper à la garantie décennale, en invoquant l'accomplissement d'une prestation de service spécifique et complémentaire de la fabrication, pour faire prévaloir leur qualité de sous-traitant de l'entrepreneur principal. Ainsi, le fait qu'une piscine munie d'une coque en polyester ait été fabriquée, fournie et présentée sous l'enseigne d'un fabricant, ne suffit pas à engager sa responsabilité solidaire sur le fondement de l'article 1792-4, s'il a installé la piscine en qualité de sous-traitant de l'entrepreneur. La responsabilité légale du fabricant s'efface derrière sa responsabilité délictuelle de sous-traitant, à charge pour le maître d'ouvrage de rapporter la preuve d'une faute sur le fondement des articles 1382 et 1383 du Code civil (Cass. 3e civ., 10 janv. 2001 : Constr.-urb. 2001, comm. 87).

Ainsi définie, la responsabilité solidaire est applicable au fabricant « d'un élément d'équipement conçu et produit pour satisfaire, en état de service, à des exigences précises et déterminées à l'avance » (C. civ., art. 1792-4, al. 1). La jurisprudence y fait référence sous le vocable d'EPERS, acronyme « d'élément pouvant entraîner la responsabilité solidaire ». La qualification d'EPERS est subordonnée à la réunion de conditions très strictes, dont la preuve doit être rapportée par le maître d'ouvrage (Cass. 3e civ., 17 juin 1998 : *Resp. civ. et assur.* 1998, comm. 350). Les tribunaux exigent en premier lieu qu'il s'agisse d'un élément conçu et produit pour répondre à des exigences précises et déterminées à l'avance pour la construction concernée. Cette finalité spécifique d'utilisation limite de fait la notion d'EPERS aux produits sur mesure, par opposition aux produits standards ou sur catalogue. C'est ainsi que la Cour de cassation refuse de qualifier d'EPERS des tuiles (Cass. 3e civ., 4 déc. 1984 : *Bull. civ.* III, n° 202), du béton prêt à l'emploi (Cass. 3e civ., 24 nov. 1987 : *Bull. civ.* III, n° 188), un revêtement d'étanchéité liquide (Cass. 3e civ., 26 mai 1992 : *Bull. civ.* III, n° 167), ou un revêtement en carrelage (Cass. 3e civ., 25 nov. 1998 : *RD imm.* 1999, p. 107, obs. Ph. Malinvaud et B. Boubli). En l'état actuel de la jurisprudence, la qualification d'EPERS n'a été retenue qu'à trois reprises, à propos d'une pompe à chaleur (Cass. 3e civ., 20 janv. 1993 : *Bull. civ.* III, n° 4), d'un plancher chauffant (Cass. 3e civ., 25 juin 1997 : *Resp. civ. et assur.* 1997, comm. 303), et implicitement à propos de la coque en polyester d'une piscine (Cass. 3e civ., 17 juin 1998 : *Bull. civ.* III, n° 126).

S'ajoutent à cette première exigence, deux conditions supplémentaires qui sont cumulatives, et relèvent des modalités de mise en œuvre du produit.

En premier lieu, le produit doit avoir été mis en œuvre sans modification. Ainsi, n'engage pas la responsabilité décennale du fabriquant le désordre qui trouve son origine dans une altération ou une transformation du produit d'origine, par exemple un système de chauffage solaire « dont les données de base ont été modifiées » (Cass. 3e civ., 6 oct. 1999 : *Bull. civ.* III, n° 137). La charge de la preuve pèse en l'occurrence sur le maître d'ouvrage. Ainsi, la Cour d'appel de Versailles a rejeté une demande de condamnation solidaire d'un fabriquant de poutres et poteaux conçus en usine. La preuve n'était pas rapportée « qu'il s'agissait d'un ensemble pré-monté, prévoyant un procédé d'assemblage non susceptible de modification » (CA Versailles, 10 mars 1995 : *RD imm.* 1996, p. 74, obs. Ph. Malinvaud et B. Boubli).

En second lieu, le texte de l'article 1792-4 du Code civil impose que le produit ait été mis en œuvre « conformément aux règles édictées par le fabricant ». Dans certains cas, la spécificité du chantier ou du produit peut amener le maître d'œuvre à préciser les conditions de mise en œuvre à l'entrepreneur qui en est chargé, et ce sans en référer au fabriquant. Saisie de cette difficulté, la Cour d'appel de Versailles a jugé que l'absence de pose conforme aux règles édictées par le fabriquant excluait la responsabilité solidaire de ce dernier (CA Versailles, 16 juin 1995 : *RD imm.* 1996, p. 74, obs. Ph. Malinvaud et B. Boubli). La Cour de cassation impose plus généralement au maître d'ouvrage de démontrer que l'entrepreneur a effectivement respecté les prescriptions du fabriquant (Cass. 3e civ., 17 juin 1998 : préc.).

In fine, seules deux décisions ont engagé la responsabilité du fabricant sur le fondement de l'article 1792-4 du Code civil, à propos d'une pompe à chaleur (Cass. 3e civ., 20 janv. 1993 : préc.) et d'un plancher chauffant (Cass. 3e civ., 25 juin 1997 : préc.).

Sont assimilés au fabricant ainsi défini, « celui qui a importé un ouvrage, une partie d'ouvrage ou un élément d'équipement fabriqué à l'étranger ; celui qui l'a présenté comme son œuvre en y faisant figurer son nom, sa marque de fabrique ou tout autre signe distinctif » (C. civ., art. 1792-4, al. 2, 3, 4).

Lorsque les conditions d'application de l'article 1792-4 du Code civil sont réunies, le maître d'ouvrage n'a pas la possibilité de s'en affranchir, pour exercer à l'encontre du fabriquant une action en responsabilité sur un autre fondement (V. *supra*). Cela étant, rares sont les cas dans lesquels le maître d'ouvrage peut utilement se prévaloir des dispositions de l'article 1792-4. La plupart du temps, les actions engagées contre le fabricant le seront donc sur le terrain de la responsabilité spécifique du fait des produits défectueux (C. civ., art. 1386-1) et de la responsabilité contractuelle de droit commun.

§ 2. Le champ d'application de la garantie de bon fonctionnement

Le champ d'application de la garantie de bon fonctionnement est déterminé, comme celui de la garantie décennale, en fonction de son objet (A) et de ses sujets (B).

A. L'objet de la garantie

L'article 1792-3 du Code civil dispose : "Les autres éléments d'équipement de bâtiment font l'objet d'une garantie de bon fonctionnement d'une durée minimale de deux ans à compter de la réception de l'ouvrage". La garantie de bon fonctionnement intéresse donc les éléments d'équipement des bâtiments dissociables de l'ouvrage par opposition aux éléments d'équipement indissociables, visés à l'article 1792-2 du Code civil. Les critères de la dissociabilité ont déjà été évoqués (V. *supra*). Il ressort du libellé même de l'article 1792-3 que la garantie de bon fonctionnement a une vocation résiduelle par rapport à celle de l'article 1792-2. La première est en effet écartée au profit de la seconde chaque fois que la défaillance de l'élément d'équipement, fut-il dissociable, porte atteinte à la solidité de l'ouvrage ou le rend impropre à sa destination. C'est le cas dans l'hypothèse du non-fonctionnement de capteurs solaires constituant une source d'énergie d'appoint, rendant l'ouvrage impropre à sa destination (Cass. 3e civ., 27 sept. 2000 : *RD imm.* 2001, p. 82, obs. Ph. Malinvaud et B. Boubli).

Ce cumul des garanties décennale et de bon fonctionnement présente un intérêt particulier, lorsque le maître d'ouvrage prétend obtenir la garantie de l'assureur de responsabilité décennale du constructeur. Peut être cité l'exemple d'un entrepreneur qui a installé des éclairages défectueux et qui se trouve condamné en première instance solidairement avec son assureur, au titre de la garantie de bon fonctionnement. L'assureur interjette appel du jugement, rappelant que l'application de la garantie obligatoire est limitée au seul cas de la responsabilité décennale de son assuré. La cour d'appel lui donne tort au motif que des désordres affectant un élément d'équipement dissociable, n'excluent pas la possibilité de se placer sur le terrain de la responsabilité décennale, dans l'hypothèse où le défaut rend l'ouvrage impropre à sa destination. C'est le cas en l'espèce, ce qui justifie le versement d'une indemnité d'assurance (CA Paris, 1er juill. 1998 : *RD imm.* 1999, p. 129, obs. Ph. Malinvaud et B. Boubli).

Dès lors, la spécificité de la garantie de bon fonctionnement tient à la possibilité d'agir, lorsque les désordres qui affectent des éléments d'équipement dissociables, ne portent pas atteinte à la solidité de l'ouvrage, ni ne le rendent impropre à sa destination. La garantie de bon fonctionnement dont l'utilité demeure, est ainsi limitée aux dommages sans gravité. Elle est seule applicable par exemple lorsque les désordres, sans s'étendre à l'ensemble des installations, affectent des canalisations simplement fixées au plancher haut du sous-sol et démontables sans atteinte au gros œuvre (Cass. 3e civ., 12 mai 1993 : *Gaz. Pal.* 1994, 1, somm. p. 133). Cela étant, certains dommages sans gravité sont exclus du domaine de la garantie de bon fonctionnement. La Cour de cassation a considéré que des peintures, qui ont un rôle purement esthétique, ne constituent pas des éléments d'équipement au sens de l'article 1792-3 du Code civil. Les désordres qui les concernent, ne relèvent donc pas de la garantie de bon fonctionnement, mais de la responsabilité contractuelle de droit commun (Cass. 3e civ., 27 avr. 2000 : *Resp. civ. et assur.* 2000, comm. 236).

B. Les sujets de la garantie

Les règles applicables sont identiques à celles qui régissent la responsabilité décennale, à une exception près, qui concerne les débiteurs de la garantie. Les contrôleurs techniques sont affranchis de la garantie de bon fonctionnement, compte tenu du particularisme de leur mission (V. *supra*).

§ 3. Le champ d'application de la garantie de parfait achèvement

L'originalité de la garantie de parfait achèvement par rapport aux autres garanties légales, tient à la fois à son objet (A) et à ses sujets (B).

A. L'objet de la garantie

L'article 1792-6, alinéa 2, du Code civil réserve en principe la garantie de parfait achèvement à tous les désordres signalés au moment de la réception, ou notifiés pendant l'année suivant la réception. Elle est donc chronologiquement la première des garanties légales à intervenir à compter de la réception de l'ouvrage (1). La garantie de parfait achèvement étend plus spécifiquement son champ d'application aux défauts d'isolation phonique, qui obéissent à un régime de responsabilité particulier prévu à l'article L. 111-11 du Code de la construction et de l'habitation (2).

1. La garantie de parfait achèvement et les désordres signalés

La garantie de parfait achèvement intéresse les désordres qui ont fait l'objet de réserves au moment de la réception (a), et ceux notifiés dans l'année suivant la réception de l'ouvrage (b).

a) Les désordres réservés

La garantie de parfait achèvement concerne tous les désordres apparents, qui ont fait l'objet de réserves mentionnées au procès-verbal de réception (Cass. 3e civ., 28 juin 1995 : *RD imm.* 1995, p. 550, obs. Ph. Malinvaud et B. Boubli). Dans ce contexte, son application est exclusive des autres garanties légales. En particulier, la responsabilité décennale ne saurait être retenue, faute de clandestinité des dommages à la réception (Cass. 3e civ., 11 févr. 1998 : *Bull. civ.* III, n° 29). Ce principe connaît néanmoins deux limites. Lorsque les vices apparents et réservés sont indissociables des désordres non apparents, et rendent une installation de chauffage impropre à sa destination, l'ensemble des désordres relèvent de la garantie décennale (Cass. 3e civ., 5 févr. 1992 : *Bull. civ.* III, n° 37). Les désordres réservés peuvent également être assimilés à des désordres cachés soumis à la garantie décennale, s'ils ne se révèlent que postérieurement dans leur ampleur et dans leurs conséquences (V. *supra*).

b) Les désordres notifiés après la réception

La garantie de parfait achèvement s'applique aux désordres qui ont fait l'objet d'une notification écrite par le maître d'ouvrage à l'entrepreneur, dans un délai d'un an à compter de la réception de l'ouvrage. Tous les dommages ou non conformités ainsi notifiés, sont pris en compte quelles que soient leur nature et leur gravité. La seule limite à l'obligation du constructeur est fixée par les effets de l'usure normale et de l'usage.

La clandestinité des dommages à la réception autorise le cumul de la garantie de parfait achèvement et de la garantie décennale, sous réserve du constat d'une atteinte à la solidité de l'ouvrage ou d'une impropriété à destination (Cass. 3e civ., 12 oct. 1994 : *D.* 1994, IR. p. 241). La solution offre au maître d'ouvrage la possibilité d'agir à l'encontre de l'assureur de responsabilité décennale concerné, faute d'intervention spontanée de l'entrepreneur aux fins de réparation. Dans l'hypothèse d'un désordre notifié dans l'année de la réception mais ne revêtant pas une nature décennale, le maître d'ouvrage pourra agir, soit sur le terrain de la garantie de parfait achèvement, soit sur celui de la responsabilité contractuelle de droit commun, et dispose à cet égard d'une option qu'il exerce librement (Cass. 3e civ., 2 oct. 2001 : *Resp. civ. et assur.* 2001, comm. 367)

2. La garantie de parfait achèvement et les défauts d'isolation phonique

L'application de la garantie de parfait achèvement aux nuisances sonores est prévue à l'article L. 111-11 du Code de la construction et de l'habitation. Ce principe est limité à l'hypothèse des bâtiments qui ne répondent pas aux exigences minimales requises par les prescriptions légales ou réglementaires, en matière d'isolation phonique. Au surplus, sont seuls visés les bâtiments d'habitation, à l'exclusion des immeubles de bureaux, des bâtiments industriels ou à usage de commerce.

L'application la garantie de parfait achèvement n'est pas exclusive de celle des autres garanties, pourvu que les conditions d'application de ces dernières soient réunies. En particulier, la responsabilité des constructeurs pourra être engagée sur le fondement de l'article 1792 du Code civil, si les nuisances sonores perturbent de façon intolérable la vie des occupants, de sorte que l'ouvrage est impropre à sa destination (V. *supra*). L'intérêt de la garantie décennale tient une fois encore à la possibilité de tirer profit d'une police obligatoire d'assurance de responsabilité décennale et d'éviter l'écueil de la prescription annale applicable à la garantie de parfait achèvement.

B. Les sujets de la garantie

Les titulaires et les débiteurs de la garantie de parfait achèvement diffèrent, selon qu'on se situe dans le cadre des dispositions de l'article 1792-6 du Code civil (1) ou de celles de l'article L. 111-11 du Code de la construction et de l'habitation (2).

1. La garantie de parfait achèvement et les désordres signalés

Le bénéfice de la garantie de parfait achèvement est réservé au maître d'ouvrage et aux acquéreurs successifs. La différence essentielle avec les autres garanties légales concerne les débiteurs de la garantie. Seuls les entrepreneurs liés au maître d'ouvrage par un contrat de louage d'ouvrage, sont visés par l'article 1792-6 du Code civil. Ainsi libellé, le principe concerne aussi le promoteur qui exécute lui-même une partie des travaux et le constructeur de maisons individuelles. En revanche, échappent à la garantie de parfait achèvement, tous les autres constructeurs figurant sur la liste établie à l'article 1792-1 du Code civil et les sous-traitants. En particulier, la garantie de parfait achèvement est propre au contrat de louage d'ouvrage. Elle ne peut donc pas être appliquée dans le cadre d'un contrat de vente en l'état futur d'achèvement (Cass. 3e civ., 30 mars 1994 : *Bull. civ.* III, n° 69).

Cette garantie présente une spécificité qui résulte de l'obligation d'une négociation amiable entre le maître d'ouvrage et l'entrepreneur. L'article 1792-6 du Code civil pose en effet le principe d'une réparation en nature qui pèse personnellement sur l'entrepreneur qui a exécuté les travaux concernés. Les tribunaux précisent que cette réparation en nature, lorsqu'elle a été proposée par l'entrepreneur mais refusée par le maître d'ouvrage, ne peut être transformée en réparation pécuniaire (CA Grenoble, 28 février 1995 : *Juris-Data*, n° 1989-041408).

D'un point de vue pratique, les délais nécessaires à l'intervention de l'entrepreneur doivent être fixés d'un commun accord avec le maître d'ouvrage. En l'absence d'un tel accord ou en cas d'inexécution dans le délai convenu, le texte fait obligation au maître d'ouvrage d'adresser à l'entrepreneur défaillant une lettre de mise en demeure. La Cour d'appel de Paris a jugé qu'il s'agit d'un préalable indispensable, refusant le bénéfice de la garantie de parfait achèvement à un maître d'ouvrage ayant délibérément choisi de ne pas faire appel à l'entrepreneur concerné pour réparer les désordres relevant de cette garantie (CA Paris, 4 juillet 1995 : *JCP G* 1995, IV, p. 2213). Si l'entrepreneur intervient spontanément, les parties procèdent à la levée des réserves, c'est-à-dire au constat de l'exécution des travaux exigés au titre de la garantie de parfait achèvement. La Cour de cassation précise à cet égard que la charge de la preuve pèse sur l'entrepreneur, lequel doit justifier avoir réalisé les travaux (Cass. 3e civ., 1er avril 1992 : *Bull. civ.* III, n° 109).

Si un désaccord demeure, c'est au juge saisi qu'il appartiendra de statuer sur la nature et la qualité des travaux exécutés. Si l'entrepreneur ne répond pas à la mise en demeure du maître d'ouvrage, il est sévèrement sanctionné. L'article 1792-6 du Code civil autorise en effet le maître d'ouvrage à exécuter les travaux de réfection « aux frais et risques de l'entrepreneur défaillant ». Le texte ne précise pas dans quel délai une mise en demeure est réputée infructueuse. Cette imprécision impose au maître d'ouvrage de laisser s'écouler un délai raisonnable, pour éviter l'écueil d'une discussion sur la réalité de la défaillance du constructeur. Passé ce délai, le maître d'ouvrage a plusieurs possibilités. Il peut, en premier lieu, solliciter la condamnation sous astreinte de l'entrepreneur à exécuter les travaux (CA Paris, 12 juin 1997 : *RD imm.* 1997, p. 588, obs. Ph. Malinvaud et B. Boubli). Il peut aussi choisir de confier les travaux de reprise à une tierce entreprise, en assurer le financement, et en solliciter le remboursement auprès de l'entrepreneur défaillant. A cet égard, le maître d'ouvrage est autorisé à utiliser les 5 % de retenue de garantie que la loi l'autorise à conserver en cas de réserves à la réception (Cass. 3e civ., 15 nov. 1995 : *Bull. civ.* III, n° 233). S'il ne souhaite pas assurer l'avance des fonds, le maître d'ouvrage peut faire établir un devis correspondant aux travaux nécessaires, et assigner l'entrepreneur défaillant aux fins de le voir condamner au paiement de leur montant.

2. La garantie de parfait achèvement et les défauts d'isolation phonique

L'article L. 111-11 du Code de la construction et de l'habitation contient des dispositions spécifiques aux sujets de la garantie. Les constructeurs sont ainsi redevables de la garantie de parfait achèvement durant l'année qui suit la réception des travaux. Les vendeurs et les promoteurs immobiliers sont quant à eux soumis à la garantie de parfait achèvement à l'égard du premier occupant de chaque logement, pendant un délai de six mois à compter de la prise de possession du logement. "Le premier occupant" ne saurait être assimilé à un locataire, dans la mesure ou le bénéfice de la garantie de parfait achèvement en présence de défauts d'isolation phonique reste réservé au maître d'ouvrage et aux acquéreurs successifs.

La détermination du champ d'application des garanties spécifiques traduit l'originalité du système légal. Ce particularisme trouve son prolongement au stade de la mise en œuvre des garanties. En effet, les modalités de mise en œuvre des garanties sont très souvent dérogatoires au droit commun de la responsabilité.

Section 3. La mise en œuvre des garanties légales

Les modalités de mise en œuvre des garanties légales tirent leur originalité de l'obligation faite au demandeur de respecter de brefs délais pour agir (§ 1), de l'existence d'une présomption de responsabilité des constructeurs (§ 2), et de l'application d'un nombre limité de causes exonératoires (§ 3).

§ 1. Les délais pour agir

Les maîtres d'ouvrage ou les acquéreurs successifs qui engagent une action en responsabilité contre les constructeurs, doivent impérativement respecter des délais d'action spécifique, dont le point de départ est immuablement fixé au jour de la réception : dix ans pour la garantie décennale, deux ans pour la garantie de bon fonctionnement, et un an pour la garantie de parfait achèvement. L'article 1792-5 du Code civil précise à cet égard : "toute clause d'un contrat qui a pour objet, soit d'exclure ou de limiter la responsabilité prévue aux articles 1792, 1792-1, 1792-2, soit d'exclure les garanties prévues aux articles 1792-3 et 1792-6 ou d'en limiter la portée, soit d'écarter ou de limiter la solidarité prévue à l'article 1792-4, est réputée non écrite". Dès lors, une clause de réduction du délai de garantie figurant dans un contrat de louage d'ouvrage, ne pourrait qu'être annulée par les tribunaux. En revanche, rien ne semble s'opposer à une prolongation conventionnelle du délai de garantie, dans la mesure où l'ordre public est ici un ordre public de protection du maître d'ouvrage et des acquéreurs successifs. La formulation de l'article 1792-3 du Code civil induit cette solution concernant le délai de deux ans de la garantie de bon fonctionnement. En évoquant une durée minimale de deux ans, il n'exclut pas les durées plus longues. La prolongation des effets de la garantie décennale est, faute de disposition spécifique, plus aléatoire. Certains tribunaux ont d'ailleurs écarté toute prolongation conventionnelle des effets de la garantie décennale (CA Toulouse, 17 déc. 1990 : *RD imm.* 1991, p. 351, obs. Ph. Malinvaud et B. Boubli). La solution ne s'impose pas d'évidence. En effet, l'ordre public de protection n'a pas en l'occurrence vocation à interdire les clauses destinées à aggraver la responsabilité des constructeurs, mais seulement celles de nature à limiter ou exclure la responsabilité des constructeurs.

Les délais de garantie ne sont pas susceptibles de suspension au sens de l'article 2251 du Code civil. L'inapplicabilité des causes de suspension produit des effets particulièrement néfastes pour le demandeur. Ainsi, le maître d'ouvrage initial, promoteur ou vendeur d'immeuble en l'état futur d'achèvement, peut être assigné en qualité de constructeur, dans les derniers jours de la garantie décennale, et ne pas avoir le temps matériel de régulariser ses propres recours à l'encontre des autres acteurs de la construction. En pareille hypothèse, la Cour de cassation retient que « l'action intentée dans les dix ans par un acquéreur contre le vendeur d'immeuble en l'état futur d'achèvement, n'a pas pour effet de rendre recevable l'action en garantie formée hors délai par celui-ci sur le fondement de l'article 1792 du Code civil contre un locateur d'ouvrage » (Cass. 3e civ., 14 juin 1995 : *Bull. civ.* III, n° 144).

En revanche, les délais de garantie peuvent être interrompus, ce qui anéantit rétroactivement le temps déjà écoulé et fait courir un nouveau délai de garantie, de même durée que celui interrompu. Les délais de prescription peuvent être interrompus par une citation en justice (C. civ., art. 2244). La notion de citation en justice inclut l'assignation en référé ou au fond, le commandement, la saisie, et également les conclusions reconventionnelles qui induisent une demande contre le locateur d'ouvrage (Cass. 3e civ., 26 nov. 1998 : *Bull. civ.* III, n° 283). Les pourparlers ou une lettre de mise en demeure sont en revanche inopérants. La portée de l'interruption est limitée précisément à l'objet de la citation. En d'autres termes, l'interruption ne vaut que pour les désordres expressément dénoncés dans la citation en justice (Cass. 3e civ., 7 juill. 1999 : *Resp. civ. et assur.* 2000, comm. 14) et pour les personnes assignées, que l'on veut empêcher de prescrire (Cass. 3e civ., 23 févr. 2000 : *Resp. civ. et assur.* 2000, comm. 158). L'interruption des délais peut également résulter de la reconnaissance du droit de celui qui agit (C. civ., art. 2248), ce qui implique en l'occurrence une reconnaissance de responsabilité de la part du constructeur. Cette reconnaissance doit constituer un engagement dépourvu d'équivoque, ce qui suppose en principe, que le constructeur ait connaissance de l'ampleur du dommage et du coût des travaux y afférents (Cass. 3e civ., 4 déc. 1991 : *Bull. civ.* III, n° 297). Par exemple, sera assimilable à une reconnaissance de responsabilité dénuée d'ambiguïté, le fait du constructeur qui réalise spontanément des travaux de réparation (Cass. 3e civ., 9 oct. 1991 : *RGAT* 1991, p. 880).

§ 2. La présomption de responsabilité des constructeurs

L'article 1792 du Code civil dispose : « Tout constructeur d'un ouvrage est responsable de plein droit, envers le maître ou l'acquéreur de l'ouvrage, des dommages (...) ». Les constructeurs sont donc tenus d'une obligation de résultat consistant à construire un ouvrage exempt de vice. La consécration d'une telle obligation, simplifie considérablement la tâche du demandeur qui n'a pas à prouver l'existence d'une faute. Le maître d'ouvrage ou l'acquéreur doit uniquement établir l'existence d'un dommage.

Par ailleurs, le demandeur bénéficie d'une présomption d'imputabilité du désordre au constructeur dont il recherche la responsabilité. Autrement dit, il n'a pas à démontrer l'existence d'un lien de causalité entre l'intervention du constructeur et les désordres constatés. C'est au défendeur d'établir que la présomption d'imputabilité dont il est l'objet, est mal fondée. La question de l'imputabilité peut par exemple se poser, lorsque le marché est composé de lots séparés. Dans cette hypothèse, le constructeur peut tenter de faire tomber la présomption d'imputabilité, en démontrant que sa prestation n'a pas joué de rôle causal dans la réalisation du désordre affectant un lot qui ne le concerne pas (Cass. 3e civ., 27 mai 1999 : *RD imm.* 1999, p. 411, obs. Ph. Malinvaud et B. Boubli).

§ 3. Les causes d'exonération de responsabilité

Eu égard à la présomption à laquelle ils sont soumis, les constructeurs ne peuvent en principe s'exonérer de leur responsabilité, qu'en rapportant la preuve d'une cause étrangère. La cause étrangère s'entend d'un cas de force majeure (A), du fait d'un tiers (B), ou du fait de la victime, c'est-à-dire du maître d'ouvrage lui-même (C).

A. La force majeure

Les tribunaux définissent traditionnellement la force majeure comme un évènement imprévisible, irrésistible et extérieur. La condition d'imprévisibilité exclut que soit jugée exonératoire, la présence d'insectes xylophages pour lesquels existe un traitement préventif (Cass. 3e civ., 20 janv. 1976 : *Bull. civ.* III, n° 23). La condition d'irrésistibilité n'est pas satisfaite dans l'hypothèse d'intempéries climatiques, sauf si elles sont très exceptionnelles. S'agissant de l'exigence d'extériorité, n'est en principe pas constitutif d'un cas de force majeure, l'évènement qui provient d'un vice de l'immeuble lui-même ou du sol. Au demeurant, c'est une solution confortée par le fait que l'article 1792 du Code civil met expressément à la charge des constructeurs les vices du sol. La Cour de cassation a ainsi exclu la force majeure, dans l'hypothèse d'une remontée de nappes phréatiques, de crues exceptionnelles, d'un glissement de terrain situé sur un site minier ou sur d'anciennes carrières (Cass. 3e civ., 22 nov. 1994 : *Resp. civ. et assur.* 1995, comm. 56). Il est à noter que l'autorité administrative peut prendre un arrêté de catastrophe naturelle en présence de conditions climatiques exceptionnelles. Cette mesure administrative n'implique pas *de facto* la reconnaissance d'un cas de force majeure. Dès lors, le constructeur qui entend s'en prévaloir, demeure contraint de démontrer l'extériorité, l'imprévisibilité, et l'irrésistibilité de l'événement litigieux (Cass. 3e civ., 4 juin 1997 : *RD imm.* 1997, p. 590, obs. Ph. Malinvaud et B. Boubli).

D'une manière générale, les juridictions du fond disposent en la matière d'un pouvoir souverain d'appréciation. Par exemple, des chutes de neige exceptionnellement adhérentes et importantes constituent un évènement de force majeure à l'origine des désordres affectant une toiture. Le maître d'œuvre qui a utilisé un procédé de couverture adapté aux conditions climatiques habituelles du site géographique, est exonéré de sa responsabilité (Cass. 3e civ., 28 oct. 1992 : *RD imm.* 1993, p. 8, obs. Ph. Malinvaud et B. Boubli).

La Cour de cassation impose néanmoins une conception globalement restrictive de la force majeure, ce qui limite les chances de succès des tentatives d'exonération. Ainsi, une tempête de grêle, même de forte intensité, qui conduit à la perforation des plaques de couverture d'une pergola, n'est pas un cas de force majeure (Cass. 3e civ., 21 juin 2000 : *Resp. civ. et assur.* 2000, comm. 330). On constate par ailleurs des divergences d'interprétation au sein même de la Cour de cassation. Si une sécheresse exceptionnelle est un évènement de force majeure selon la 1re Chambre civile (Cass. 1re civ., 7 juill. 1998 : *RD imm.* 1999, p. 106, obs. Ph. Malinvaud et B. Boubli), la 3e Chambre civile exclut toute possibilité d'exonération dans un tel contexte (Cass. 3e civ., 9 déc. 1998 : *Resp. civ. et assur.* 1999, comm. 42. – 28 nov. 2001 : *Resp. civ. et assur.* 2002, comm. 64).

B. Le fait d'un tiers

A l'instar de la force majeure, le fait d'un tiers est rarement retenu par la jurisprudence. Seul le fait d'un tiers qui n'a pas la qualité de constructeur est un mode d'exonération. En aucun cas un constructeur ne saurait valablement se prévaloir du fait d'un autre intervenant à l'acte de construire, pour échapper aux conséquences de sa responsabilité. Par exemple, un entrepreneur ne peut valablement invoquer des erreurs commises par un architecte, pour échapper aux conséquences de sa responsabilité (Cass. 3e civ., 25 janv. 1989 : *RD imm.* 1989, p. 215, obs. Ph. Malinvaud et B. Boubli).

Quelques rares décisions sont néanmoins favorables au constructeur. La Cour de cassation a ainsi censuré l'arrêt d'une cour d'appel ayant exclu le fait d'un tiers en présence de désordres aggravés par l'installation, après réception des travaux, d'un adoucisseur d'eau par le syndicat des copropriétaires (Cass. 3e civ., 14 juin 1995 : *Bull. civ.* III, n° 143).

C. Le fait du maître d'ouvrage

Les tribunaux admettent plus aisément le fait du maître d'ouvrage comme mode d'exonération de responsabilité. Ils se réfèrent, soit à l'immixtion fautive du maître d'ouvrage, soit à son acceptation délibérée des risques (Cass. 3e civ., 8 nov. 2000 : *Resp. civ. et assur.* 2001, comm. 84).

L'immixtion du maître d'ouvrage dans la conception et/ou l'exécution de la construction n'est exonératoire que si elle est à l'origine des désordres. L'exigence de ce lien de causalité entre la faute alléguée et le dommage, exclut par exemple que soit jugé exonératoire le défaut de souscription de l'assurance obligatoire dommage-ouvrage par le maître d'ouvrage (Cass. 3e Civ., 30 mars 1994 : *Bull. civ.* III, n° 67). Pour être exonératoire, l'immixtion jugée fautive doit au surplus être commise par un maître d'ouvrage notoirement compétent (Cass. 3e civ., 28 avr. 1993 : Argus 18 juin 1993, p.19). En toute hypothèse, une cour d'appel ne peut constater que la preuve de l'immixtion n'est pas rapportée, tout en laissant au maître d'ouvrage une part de responsabilité au titre des troubles de jouissance qu'il supporte du fait des malfaçons (Cass. ass. plén., 2 nov. 1999 : *Resp. civ. et assur.* 2000, comm. 362).

L'acceptation délibérée des risques par le maître d'ouvrage est un mode d'exonération plus accessible. Il n'est pas exigé que le maître d'ouvrage soit notoirement compétent. Il suffit qu'il ait pris un risque de façon délibéré et consciente, et qu'il en résulte le dommage litigieux. Un constructeur peut ainsi échapper partiellement ou totalement aux conséquences de sa responsabilité, lorsqu'il a formulé des réserves ou des mises en garde à l'attention du maître d'ouvrage, et que ce dernier ne les a pas prises en compte (Cass. 3e civ., 8 oct. 1997 : *RD imm.* 1998, p. 97, obs. Ph. Malinvaud et B. Boubli).

La question s'est posée de savoir si un constructeur resté passif, peut opposer l'acceptation des risques au maître d'ouvrage informé par un autre que lui. Pendant un temps, la 3e Chambre civile a considéré que seuls les constructeurs qui ont effectivement formulé des réserves, pouvaient utilement se prévaloir de l'acceptation délibérée des risques (Cass. 3e civ., 22 juill. 1998 : *Resp. civ. et assur.* 1999, comm. 15). La solution n'était pas satisfaisante. En effet, on tenait compte de l'attitude du constructeur, alors que la logique impose en l'occurrence de se préoccuper du comportement du maître d'ouvrage dont on cherche à savoir s'il a, ou non, commis une faute. Un revirement de jurisprudence conduit aujourd'hui à écarter toute distinction selon la qualité de l'auteur des mises en garde adressées au maître d'ouvrage. L'acceptation délibérée des risques est constituée dès lors que le maître d'ouvrage n'a pas pris en considération les informations qui lui ont été données, quelle que soit l'origine de ces informations. Ainsi, un maître d'ouvrage qui renonce à un système coûteux d'étanchéité, sans se soucier des mises en garde émanant du bureau de contrôle intervenant sur le chantier, peut valablement se voir opposer son acceptation délibérée des risques par l'architecte dont il recherche la responsabilité, même si ce dernier n'a personnellement émis aucune réserve (Cass. 3e civ., 9 juin 1999 : *RD imm.* 1999, p. 410, obs. Ph. Malinvaud et B. Boubli).

Il est donc devenu plus simple d'établir l'acceptation délibérée des risques du maître d'ouvrage. Cela étant, sur un plan général, les tribunaux n'accueillent pas aisément les arguments des constructeurs qui tentent d'échapper aux conséquences de leur responsabilité. A cet égard, les exigences relatives aux modes d'exonération sont un nouveau signe tangible de la protection offerte par les garanties légales au maître d'ouvrage et aux acquéreurs successifs de l'ouvrage. Cependant, il n'est pas toujours possible de se placer sur le terrain des articles 1792 et suivants du Code civil. C'est alors le droit commun de la responsabilité qui s'applique à titre résiduel.

1996 : préc.). En revanche, les architectes, bureaux d'études et autres maîtres d'œuvre, ne sont soumis qu'à une obligation de moyens. Il appartient au maître d'ouvrage qui agit à leur encontre de rapporter la preuve d'une faute, qui peut notamment résulter d'un défaut de surveillance du chantier (Cass. 3e civ., 18 juin 1997 : *Bull. civ.* III, n° 142).

Ainsi définie, la responsabilité contractuelle des constructeurs est applicable jusqu'à la réception expresse, tacite ou judiciaire de l'ouvrage. Si aucune réception n'intervient, la responsabilité contractuelle de droit commun continue de s'imposer. Si en revanche la réception survient, le dommage qui n'a pas encore été réparé, est assimilé à un dommage apparent.

2. Les dommages apparents à la réception

Sont concernés tous les dommages apparents, qu'ils procèdent d'un désordre, d'une malfaçon ou d'une non-conformité. Juridiquement, le régime applicable n'est pas le même selon que ces dommages ne sont pas réservés à la réception (a) ou qu'ils font l'objet d'une réserve (b).

a) Les dommages non réservés

La réception exonère le constructeur de toute responsabilité pour les dommages apparents dont le maître d'ouvrage ne fait pas mention au rang des réserves. Le principe est applicable tant aux désordres proprement dits qu'aux défauts de conformité. Cet effet exonératoire interdit au maître d'ouvrage d'exercer ultérieurement une action à l'encontre du constructeur sur le fondement des garanties légales, mais également sur le fondement de la responsabilité contractuelle de droit commun. L'appréciation de la connaissance des désordres par le maître d'ouvrage avant la réception, soulève en conséquence un lourd contentieux. En effet, les constructeurs essaient souvent de démontrer que le désordre s'est manifesté avant réception, et que le maître d'ouvrage a omis de le réserver. Mais les tribunaux adoptent une conception extensive de la clandestinité des dommages à la réception, ce qui réduit le plus souvent à néant les velléités des constructeurs (V. *supra*).

Dans l'hypothèse où une juridiction constate le caractère apparent et non réservé d'un dommage, le maître d'ouvrage conserve néanmoins la possibilité de rechercher la responsabilité du maître d'œuvre investi d'une mission d'assistance à la réception. Cette obligation d'assistance impose en effet au maître d'œuvre, d'une part de signaler au maître d'ouvrage les dommages et non conformités apparents, et d'autre part d'attirer son attention sur les conséquences d'une absence de réserve.

La responsabilité du maître d'œuvre défaillant peut être engagée pour manquement à son devoir de conseil sur le fondement de l'article 1147 du Code civil. Par exemple, l'architecte qui omet d'informer le maître d'ouvrage de la nécessité de faire des réserves à la réception concernant des portes de garage inadaptées, alors qu'un cabinet d'étude lui a signalé les désordres litigieux à l'issue d'une visite de pré-réception, est responsable envers le maître d'ouvrage pour manquement à son devoir de conseil (Cass. 3e civ., 3 févr. 1999 : *Resp. civ. et assur.* 1999, comm. 104). La Cour de cassation estime que la responsabilité de l'architecte est engagée, même si le dommage litigieux était apparent à la réception pour un maître d'ouvrage profane (Cass. 3e civ., 30 octobre 1991 : *Bull. civ.* III, n° 250). La solution n'est pas illogique dans le mesure où le maître d'ouvrage, s'il peut constater le dommage, ignore en revanche les conséquences attachées à l'absence de réserve.

b) Les dommages réservés

La responsabilité contractuelle concerne les désordres apparents à la réception, même s'ils provoquent par ailleurs la mise en jeu de la garantie de parfait achèvement. Une action peut être engagée sur le fondement de l'article 1147 du Code civil contre tous les constructeurs autres que l'entrepreneur, seul débiteur de la garantie légale. C'est ce qu'a décidé la Cour de cassation, à propos de défauts affectant des carrelages qui ont fait l'objet de réserves à la réception. L'intervention de l'entrepreneur au titre de la garantie de parfait achèvement ne prive pas le maître d'ouvrage de rechercher la responsabilité de l'architecte sur le fondement de l'article 1147 du Code civil pour manquement à son devoir de surveillance, dès lors que les dommages auraient pu être évités en prenant des précautions particulières au moment de la pose (Cass.

3e civ., 17 févr. 1999 : *RD imm.* 1999, p. 260, obs. Ph. Malinvaud et B. Boubli).

La responsabilité contractuelle concerne également les préjudices non réparables au titre de la garantie de parfait achèvement, tels que les préjudices immatériels (pertes d'exploitation, préjudice de jouissance, pénalités pour dépassement des délais...).

La responsabilité contractuelle peut encore être engagée pour des désordres réservés, en cas d'inertie du maître d'ouvrage qui n'a pas mis en œuvre la garantie de parfait achèvement dans le délai d'un an suivant la réception des travaux (Cass. 3e civ., 13 déc. 1995 : *RD imm.* 1996, p. 223, obs. Ph. Malinvaud et B. Boubli).

3. Les dommages survenus après la réception

Il faut distinguer les désordres correspondant à une non-conformité contractuelle (a) et les dommages intermédiaires (b).

a) Les désordres correspondant à une non-conformité contractuelle

En théorie, la responsabilité contractuelle d'un constructeur devrait être engagée quand l'ouvrage, quoique exempt de vice, ne répond pas aux exigences contractuelles. Cela étant, le contentieux reste limité en pratique. En effet, dès lors que les désordres sont de la nature de ceux décrits aux articles 1792 et suivants du Code civil (clandestinité à la réception et atteinte à la solidité de l'ouvrage ou impropriété à destination), ils ne peuvent en aucun cas être réparés sur le fondement du droit commun, alors même qu'ils trouvent leur origine dans une non-conformité aux stipulations contractuelles (Cass. 3e civ., 4 oct. 1989 : *Bull. civ.* III, n° 179). La distinction entre les notions de désordre et non-conformité demeure importante, lorsque le défaut n'est pas de nature décennale. S'il s'agit d'une non-conformité contractuelle, la responsabilité du constructeur sera engagée sur le seul fondement du droit commun (Cass. 3e civ. 17 janv. 1984 : *Bull. civ.* III, n° 10). S'il s'agit d'un dommage de nature non décennale, la responsabilité du constructeur entrera dans le champ d'application de la garantie des dommages intermédiaires.

b) Les dommages intermédiaires

La catégorie des dommages intermédiaires est une création jurisprudentielle destinée à soumettre les dommages ne remplissant pas les conditions d'application des garanties légales, à la responsabilité contractuelle pour faute prouvée. Les dommages intermédiaires sont des malfaçons apparues après la réception des travaux, et ne portant atteinte ni à la solidité de l'ouvrage, ni à sa destination. C'est un arrêt de la 3° Chambre civile de la Cour de cassation rendu le 10 juillet 1978, qui a posé le principe de l'existence des dommages intermédiaires relevant de la responsabilité contractuelle de droit commun : "Mais attendu que la Cour d'appel, qui a relevé que les malfaçons litigieuses, relatives aux gros ouvrages, n'affectaient pas la solidité de la maison et ne la rendaient pas impropre à sa destination, a exactement énoncé que le constructeur ne pouvait donc en être présumé responsable sur le fondement de la garantie décennale de l'article 1792 du Code civil, et que le maître de l'ouvrage disposait dès lors d'une action en responsabilité contractuelle contre cet architecte à condition de démontrer sa faute" (Cass. 3e civ., 10 juill. 1978 : *Bull. civ.* III, n° 285). Rendue sous l'empire de la loi de 1967, la décision reste d'actualité après l'entrée en vigueur de la loi Spinetta, aucune des dispositions nouvelles ne s'intéressant à cette catégorie de désordres.

Entrent par exemple dans la catégorie des dommages intermédiaires, des micro-fissures affectant un carrelage faisant indissociablement corps avec l'ouvrage. Faute d'impropriété à destination en présence de désordres de nature purement esthétique, la garantie décennale ne peut s'appliquer. Il convient donc de se placer sur le terrain du droit commun de la responsabilité. En l'occurrence, la faute du constructeur qui a posé le carrelage sur un support trop récemment achevé est de nature à engager sa responsabilité sur le fondement de l'article 1147 du Code civil (Cass. 3e civ., 9 déc. 1998 : *RD imm.* 1999, p. 106, obs. Ph. Malinvaud et B. Boubli). Une solution identique a été retenue à propos de cloquages de peinture survenus sur la façade d'un immeuble (Cass. 3e civ., 20 janv. 1999 : *Resp. civ. et assur.* 1999, comm. 179), et de coulures d'un revêtement d'étanchéité (Cass. 3e civ., 9 févr. 2000 : *Resp. civ. et assur.* 2000, comm. 157).

B. Les personnes concernées par la responsabilité contractuelle

La responsabilité contractuelle intéresse tous les constructeurs énumérés à l'article 1792-1 du Code civil, pourvu qu'ils soient contractuellement liés au maître d'ouvrage. En pratique, une action fondée sur l'article 1147 du Code civil peut être engagée contre un architecte, un entrepreneur, un bureau d'études ou de contrôle, un promoteur, un vendeur d'immeuble... L'action peut être engagée à l'initiative du maître d'ouvrage ou des acquéreurs successifs. Elle peut également être mise en œuvre dans les rapports des constructeurs entre eux, s'ils sont liés par un contrat. C'est notamment le cas du recours de l'entrepreneur condamné contre le sous-traitant intervenu sur le chantier à sa demande. L'existence d'un contrat de sous-traitance justifie alors la nature contractuelle de la responsabilité du sous-traitant envers son cocontractant. Le sous-traitant est en l'occurrence tenu d'une obligation de résultat, ce qui épargne à l'entrepreneur la charge de la preuve de sa faute (Cass. 3e civ., 4 avr. 2001 : *Resp. civ. et assur.* 2001, comm. 223).

Le fabricant est également concerné par la responsabilité contractuelle. Il l'est d'autant plus que sa responsabilité solidaire est très rarement engagée sur le fondement de l'article 1792-4 du Code civil (V. *supra*). La question qui se pose, capitale eu égard à la variation des délais de prescription sur le terrain du droit commun, est celle de la nature de l'action. L'action fondée sur un défaut de conformité présente l'avantage d'offrir au demandeur le bénéfice de la prescription trentenaire (C. civ., art. 1604 et s. et art. 2262). Mais la 3e Chambre civile de la Cour de cassation exclut systématiquement l'action fondée sur le défaut de conformité, au motif que les désordres affectant la construction constituent toujours des vices cachés au sens de l'article 1641 du Code civil. Seule l'action en garantie des vices cachés est donc envisageable (Cass. 3e civ., 25 nov. 1998 : *RD imm.* 1999, p. 262, obs. Ph. Malinvaud et B. Boubli). Mais il faut alors respecter le bref délai pour agir, imposé par l'article 1648 du Code civil. Et si le législateur ne précise pas la durée de ce délai, les tribunaux n'admettent pas que l'action soit engagée au delà d'un délai d'un an à compter de la découverte du vice ou de son aggravation. La 1re Chambre civile semble faire preuve de davantage de mansuétude à l'égard du maître d'ouvrage. Certes, elle confirme que l'impropriété à destination normale de la chose est un vice caché. Mais elle admet une exception au principe lorsque le contrat mentionne expressément la destination de la chose, l'impropriété à destination devenant alors un défaut de conformité (Cass. 1re civ., 1er déc. 1998 : *RD imm.* 1999, p. 262, obs. Ph. Malinvaud et B. Boubli). Cela étant, cette exception confine au cas d'école, et n'est d'aucune utilité pratique pour le demandeur. Par exemple, en présence de tuiles gélives, il faudrait, pour échapper au bref délai de l'article 1648 du Code civil, produire une stipulation contractuelle précisant que des tuiles ne doivent pas être gélives. La responsabilité du fabriquant est plus aisément engagée sur le fondement de l'article 1147 du Code civil, au titre d'un manquement à son devoir de conseil. Les tribunaux sont à cet égard plus ou moins sévères, selon que le maître d'ouvrage ou l'acquéreur est un professionnel ou un profane. C'est alors la prescription trentenaire de droit commun qui s'applique.

Par ailleurs, l'action engagée contre le fabricant est nécessairement de nature contractuelle, même en l'absence de lien contractuel direct avec le maître d'ouvrage. C'est la théorie de l'accessoire qui impose cette solution jurisprudentielle, en vertu de laquelle le maître d'ouvrage, comme le sous-acquéreur, jouit de tous les droits attachés à la chose qui appartenait à son auteur (Cass. ass. plén., 7 févr. 1986 : *JCP G* 1986, II, 20616, note Ph. Malinvaud). L'hypothèse est celle dans laquelle le maître d'ouvrage passe un marché avec un entrepreneur, lequel conclut un contrat de fourniture avec un fabricant pour disposer des matériaux nécessaires à la réalisation de la construction.

La question se pose également de l'influence de la loi n° 98-389 du 19 mai 1998, relative à la responsabilité du fait des produits défectueux, dont les dispositions ont été intégrées aux articles 1386-1 et suivants du Code civil (Ph. Malinvaud, « La loi du 19 mai 1998 relative à la responsabilité du fait des produits défectueux et le droit de la construction » : *D.* 1999, chron. p. 85 et 93). Cette loi ne concerne pas que les fabricants de matériaux et d'éléments d'équipement autres que les EPERS. Elle vise plus généralement les sous-traitants et les constructeurs qui incorporent des produits défectueux à la construction, pourvu que leur responsabilité ne puisse pas être recherchée sur le fondement des articles 1792 et suivants du Code civil, soit que la prescription est acquise, soit que les conditions requises pour l'application des garanties légales ne sont pas réunies. Dès lors que le produit utilisé n'offre pas la sécurité à laquelle on peut légitimement s'attendre et qu'il cause un dommage à l'ouvrage, le demandeur dispose d'un choix entre l'article 1147 et les articles 1386-1 et suivants du Code civil. La responsabilité du fait des produits défectueux est donc envisageable.

Reste à savoir selon quelles modalités. L'existence d'un contrat conclu entre le responsable et la victime est indifférente. Le demandeur doit prouver le dommage, le défaut du produit (constitué lorsqu'il ne procure pas la sécurité à laquelle on peut légitimement s'attendre) et le lien de causalité entre le défaut et le dommage. Concernant les preuves à rapporter, le législateur ne pose donc pas de présomption de responsabilité. Les causes d'exonération permettant au responsable d'échapper aux conséquences de sa responsabilité sont limitativement énumérées.

Parmi les causes d'exonération de droit commun, la force majeure et la faute de la victime peuvent être utilement invoquées. En revanche, le fait du tiers est exclu de la liste. Parmi les causes d'exonération spécifiques, deux intéressent le droit de la construction. Le risque de développement correspond à l'hypothèse dans laquelle les connaissances scientifiques et techniques ne permettaient pas de déceler l'existence du défaut au moment où le produit a été mis en circulation. Le législateur limite cependant les effets de cette cause d'exonération en décidant que le responsable ne peut plus l'invoquer si, en présence d'un défaut qui s'est révélé plus de dix ans après la mise en circulation du produit, il n'a pas pris les dispositions propres à en prévenir les conséquences dommageables. Une autre cause d'exonération spécifique permet au producteur d'une partie composante, c'est-à-dire d'un matériau ou d'un élément d'équipement incorporé dans un immeuble, d'échapper aux conséquences de sa responsabilité s'il établit que le défaut est imputable à la conception du produit dans lequel cette partie a été incorporée ou aux instructions données par le producteur de ce produit. Tel est le cas de l'entrepreneur qui utilise des matériaux incompatibles les uns avec les autres. Dans le même ordre d'idées, les clauses limitatives ou exonératoires de responsabilité sont interdites, sauf à ce qu'elles soient stipulées entre professionnels.

Enfin, le législateur instaure deux délais de prescription. Le demandeur doit agir dans un délai de dix ans à compter de la mise en circulation du produit et de trois ans à compter de la connaissance du dommage. Cette double limitation dans le temps compense dans une certaine mesure la sévérité du régime de cette responsabilité. L'action en responsabilité du fait des produits défectueux échappe à la distinction classique qui oppose en droit commun, la responsabilité contractuelle et la responsabilité délictuelle. Mais cette distinction conserve toute son importance en dehors des circonstances décrites aux articles 1386-1 et suivants du Code civil.

§ 2. Le régime de la responsabilité contractuelle

De façon générale, les règles de la responsabilité contractuelle de droit commun reçoivent application. En principe, le maître d'ouvrage doit donc faire la preuve d'un dommage, d'une faute du constructeur, et d'un lien de causalité entre la faute et le dommage. Par exemple, l'architecte qui délivre un certificat d'avancement des travaux qui ne correspond pas à la réalité, engage sa responsabilité sur le fondement de l'article 1147 du Code civil, envers les acquéreurs de l'ouvrage et l'établissement de crédit qui leur a consenti un prêt (Cass. 3° civ., 29 mars 2000 : *Resp. civ. et assur.* 2000, comm. 190). Cela étant, pour faciliter la tâche du demandeur, les tribunaux font parfois échec à la responsabilité contractuelle pour faute prouvée. Ainsi, dans une espèce où était engagée la responsabilité contractuelle d'un vendeur d'immeuble à construire, la Cour de cassation a retenu une présomption de responsabilité, dès lors que l'immeuble livré était atteint d'un vice (Cass. 3e civ., 31 mars 1999 : *Bull. civ.* III, n° 82). Par ailleurs, concernant les dommages survenus avant réception, l'entrepreneur est tenu d'une obligation de résultat, qui épargne au maître d'ouvrage la preuve d'une faute (V. *supra*).

En principe, la prescription trentenaire prévue à l'article 2262 du Code civil s'applique. Mais il y a des spécificités tenant au contexte. Ainsi, concernant les délais de prescription, le délai pour agir en présence de dommages intermédiaires est le délai décennal de l'article 2270 du Code civil : dix ans à compter de la réception de l'ouvrage (Cass. 3e civ., 11 juin 1981 : *Bull. civ.* III, n° 120).

L'action en garantie des vices cachés doit être engagée dans un bref délai à compter du jour de la découverte du vice (V. *supra*).

Par ailleurs, la théorie des dommages intermédiaires ne peut être relevée d'office par une juridiction. La juridiction doit préalablement entendre les parties présenter leurs observations, et ce même si le contexte se prête à l'application de la théorie (Cass. 3e civ., 6 oct. 1999 : *Resp. civ. et assur.* 2000, comm. 17).

Enfin, concernant les causes d'exonération mises à la disposition du constructeur responsable, la Cour de cassation retient sur le terrain du droit commun, des circonstances habituellement prises en considération en présence de garanties légales, telles que l'immixtion du maître d'ouvrage dans l'opération de construction ou l'acceptation délibérée des risques. Par exemple, la 1re Chambre civile de la Cour de cassation casse l'arrêt d'une cour d'appel qui a débouté le maître d'ouvrage de son action en responsabilité engagée contre un entrepreneur pour manquement à son devoir de conseil sur l'opportunité de faire appel à un maître d'oeuvre, au motif que seules l'immixtion du maître d'ouvrage dans l'opération de construction ou son acceptation délibérée des risques constituent des causes d'exonération de responsabilité pour un constructeur (Cass. 1re civ., 18 juill. 2000 : *Resp. civ. et assur.* 2001, comm. 18).

Section 2. La responsabilité délictuelle des constructeurs

Il convient de distinguer la responsabilité des constructeurs à l'égard des tiers (§ 1) et leur responsabilité à l'égard des autres intervenants à l'acte de construire (§ 2).

§ 1. La responsabilité délictuelle à l'égard des tiers

La responsabilité délictuelle en matière de construction obéit au régime général des articles 1382 et suivants du Code civil. Le point de départ du délai de la prescription décennale en l'occurrence applicable, diffère de celui mis en œuvre dans le cadre des garanties légales. L'article 2270-1 du Code civil prévoit que l'action en responsabilité délictuelle peut être engagée dans un délai de dix ans à compter de la manifestation du dommage ou de son aggravation, et non pas à compter de la réception. En pratique, la victime dispose donc de plus de temps pour agir sur le fondement des articles 1382 et suivants du Code civil, qu'elle n'en a sur le fondement des articles 1792 et suivants (Cass. 3e civ., 14 nov. 1991 : *Resp. civ. et assur.* 1992, comm. 61).

Par ailleurs, sont considérées comme des tiers pouvant engager une action en responsabilité délictuelle, toutes les personnes étrangères au contrat de louage d'ouvrage, c'est-à-dire toutes les personnes autres que le maître d'ouvrage lui-même et les acquéreurs successifs de l'immeuble. Il est donc impossible d'établir une liste exhaustive des demandeurs. Peuvent par exemple agir sur le fondement de la responsabilité délictuelle les voisins, les locataires, les usagers, les visiteurs occasionnels, les passants blessés par un engin de chantier...

Concernant les fondements possibles d'une action en responsabilité délictuelle, trois possibilités sont offertes à la victime : la faute du constructeur (A), la garde (B), et les troubles du voisinage (C).

A. La responsabilité fondée sur la faute

Le législateur impose à la victime qui agit sur le fondement des articles 1382 et 1383 du Code civil de faire la preuve d'une faute délictuelle, d'un dommage, et d'un lien de causalité entre la faute et le dommage. Par exemple, le piéton blessé par une projection provenant du chantier doit établir la faute d'un intervenant à l'acte de construire, son dommage, et le lien de causalité entre le comportement de l'auteur et ce dommage. La conception jurisprudentielle restrictive de la faute en matière de responsabilité des constructeurs, a longtemps compliqué la tâche de la victime. La Cour de cassation exigeait en effet la preuve de l'intention de nuire de l'auteur du dommage (Cass. 1re civ., 18 déc. 1996 : *RD imm.* 1997, p. 243, obs. Ph. Malinvaud et B. Boubli). Depuis peu, la faute du constructeur sur le terrain du droit commun de la responsabilité, semble faire l'objet d'une interprétation plus extensive. Malgré tout, démontrer le comportement fautif d'un intervenant à l'acte de construire n'est jamais facile. C'est la raison pour laquelle le recours aux dispositions des articles 1382 et 1383 du Code civil n'intervient que dans les hypothèses où le demandeur ne dispose pas d'autres fondements plus accessibles.

B. La responsabilité fondée sur la garde

Le gardien, dont la responsabilité est susceptible d'être engagée sur le fondement de l'article 1384, alinéa 1er, du Code civil est celui qui dispose des pouvoirs d'usage, de direction et de contrôle sur la chose à l'origine du préjudice subi par le demandeur. La jurisprudence fait application de cette règle générale au droit de la construction. Sous réserve que soient établis la garde et le fait de la chose, le dommage et le lien de causalité entre le fait de la chose et le dommage, la victime obtient réparation, échappant ainsi aux contraintes liées à la preuve de la faute sur le fondement des articles 1382 et 1383 du Code civil. Le responsable ne peut en aucun cas s'exonérer de sa responsabilité, en prouvant qu'il n'a pas commis de faute. En pratique, l'entrepreneur est généralement jugé gardien du chantier et des travaux, jusqu'à livraison ou réception par le maître d'ouvrage (CA Bourges, 15 fév. 1993 : *Juris-Data*, n° 1993-040878 ; CA Bordeaux, 13 sept. 1994 : *Juris-Data*, n° 1994-045787). Par exemple, l'entrepreneur qui dirige et maîtrise les engins du chantier, est gardien de ces engins dont le comportement est anormal. Sa responsabilité est retenue à ce titre, lorsqu'une juridiction constate un vacarme assourdissant qui rendait le travail des voisins impossible (Cass. 3e civ., 8 mars 1978 : *D.* 1978, jurispr. p. 641, note Ch. Larroumet). Cet exemple conduit à évoquer une dernière action ouverte aux voisins qui subissent un dommage résultant du comportement des intervenants à l'acte de construire : l'action fondée sur la théorie des troubles du voisinage.

C. La responsabilité fondée sur la théorie des troubles du voisinage

L'action fondée sur les troubles anormaux du voisinage est une création jurisprudentielle. Un trouble anormal subi par un voisin engage la responsabilité délictuelle du propriétaire de l'immeuble, sans que la victime n'ait à prouver la faute de l'auteur du dommage (Cass. civ., 27 mars 1844 : DP 1845, 1, p. 13). Le trouble anormal de voisinage donne lieu à réparation, lorsque le trouble est continu et lorsqu'il excède les inconvénients normaux de voisinage. Les juridictions du fond apprécient souverainement, en fonction des circonstances de temps et de lieu, la continuité des troubles et les limites de leur normalité. Ainsi, peut être assimilée à un trouble anormal et continu, la fissuration d'un bâtiment résultant de la construction d'un immeuble contigu (Cass. 1e civ., 23 mars 1982 : *Bull. civ.* I, n° 120).

Le défendeur à l'action est en principe le propriétaire de l'immeuble. Autrement dit, c'est le maître d'ouvrage qui est généralement assigné et condamné dans un premier temps sur le fondement de la théorie des troubles du voisinage (Cass. 3e civ., 4 févr. 1971 : *JCP G* 1972, II, 16781). Cela étant, la jurisprudence admet depuis peu la responsabilité de plein droit du propriétaire actuel du bien où ont eu lieu les travaux à l'origine des troubles constatés dans le fonds voisin, et de l'entrepreneur auteur de ces travaux (Cass. 3e civ., 11 mai 2000 : *Resp. civ. et assur.* 2000, comm. 263, obs. H. Groutel ; *JCP G* 2000, I, 265, n° 7, obs. H. Périnet-Marquet). Quoi qu'il en soit, si le maître d'ouvrage est seul défendeur à l'action, et déclaré responsable à l'égard de ses voisins, il a la possibilité d'engager une action récursoire contre les constructeurs à l'origine du trouble. La question de la nature de ce recours a été discutée. Il semble que la Cour de cassation ait admis la nature délictuelle de la responsabilité des constructeurs. C'est ce que nous allons constater en évoquant la responsabilité délictuelle à l'égard des intervenants à l'acte de construire.

§ 2. La responsabilité délictuelle à l'égard des intervenants à l'acte de construire

Doivent être distinguées la responsabilité délictuelle des constructeurs à l'égard du maître d'ouvrage (A) et la responsabilité délictuelle des constructeurs les uns à l'égard des autres (B).

A. La responsabilité des constructeurs à l'égard du maître d'ouvrage

Le contexte diffère mais la nature de la responsabilité est identique, que le maître d'ouvrage engage contre les constructeurs une action récursoire (1) ou une action directe (2).

1. L'action récursoire du maître d'ouvrage

Le maître d'ouvrage peut exercer une action récursoire contre un ou plusieurs constructeurs, quand il a été condamné à réparer les dommages causés aux tiers par la construction de son immeuble. L'exemple type est celui dans lequel le maître d'ouvrage est jugé responsable sur le fondement de la théorie des troubles du voisinage. Le préjudice du maître d'ouvrage consiste alors dans sa condamnation au paiement d'une somme, dont il va demander réparation au constructeur concerné.

Dans un premier temps, la Cour de cassation a exigé, eu égard à l'existence d'un contrat conclu entre le maître d'ouvrage et le constructeur, que le litige soit résolu sur le terrain de la responsabilité contractuelle. Autrement dit, le maître d'ouvrage devait établir la faute du constructeur sur le fondement de l'article 1147 du Code civil (Cass. 3e civ., 24 mars 1999 : *Resp. civ. et assur.* 1999, comm. n° 177).

Par la suite, trois arrêts rendus le même jour par la 3e Chambre civile de la Cour de cassation, ont laissé planer un doute concernant la nature du recours du maître d'ouvrage (Cass. 3e civ., 21 juill. 1999, *Resp. civ. et assur.* 1999, chron. 23, H. Groutel). Alors que deux arrêts semblent se conformer aux solutions retenues le 24 mars, le troisième considère que le maître d'ouvrage est subrogé dans les droits de ses voisins, victimes de troubles anormaux de voisinage. En cette qualité, il peut agir sur le fondement délictuel des troubles anormaux du voisinage. Il n'est par conséquent pas nécessaire de prouver une quelconque faute de l'entrepreneur. Cette solution est juridiquement concevable dans la mesure où l'action du maître d'ouvrage n'a pas pour objet de faire reconnaître l'existence d'une faute contractuelle du constructeur. Elle vise à établir la responsabilité du constructeur à raison d'un quasi-délit portant préjudice à un tiers, en l'occurrence le voisin, et dont les conséquences se sont répercutées sur le maître d'ouvrage. Cette solution est également opportune dans la mesure où c'est davantage l'exécution des travaux que l'existence ou l'usage de l'ouvrage, qui est à l'origine des troubles.

Il faut cependant relativiser la portée de cette décision, et ce même si elle est la seule à avoir été publiée au bulletin des arrêts de la Cour de cassation. En effet, dans son rapport annuel pour l'année 1999, la Cour de cassation fait expressément référence à la jurisprudence établie le 24 mars et reproduite à deux reprises le 21 juillet. Elle affirme l'impossibilité de toute subrogation du maître d'ouvrage dans les droits de son voisin lorsque la procédure se déroule en un seul temps (assignation du maître d'ouvrage qui appelle en garantie les constructeurs). C'est l'application du principe de l'interdiction des subrogations *in futurum*, en vertu duquel aucune subrogation n'est envisageable tant que le paiement des dommages-intérêts n'a pas eu lieu, qui impose cette solution. Or c'est pourtant dans un tel contexte, que la subrogation avait été retenue dans la décision marginale du 21 juillet. Il faut donc décrypter le message adressé par la haute juridiction. L'interdiction des subrogations *in futurum* impose aux maîtres d'ouvrage la mise en œuvre d'une procédure en deux temps. Dans un premier temps, le maître d'ouvrage doit exécuter la décision rendue au profit de son voisin. Ce n'est que dans un second temps, après paiement effectif des dommages-intérêts, qu'il peut exercer un recours subrogatoire contre le constructeur et bénéficier du régime protecteur de la théorie des troubles du voisinage (Sur ce thème, V. H. Groutel, « Travaux immobiliers et troubles du voisinage : les mystères du rapport annuel de la Cour de cassation » : *Resp. civ. et assur.* 2000, chron. 20).

2. L'action directe du maître d'ouvrage

L'action du maître d'ouvrage contre les constructeurs avec lesquels il n'est pas contractuellement lié, est une action de nature délictuelle, engagée sur le fondement des articles 1382 et suivants du Code civil. En particulier, l'action du maître d'ouvrage contre le sous-traitant est une action en responsabilité pour faute prouvée de nature délictuelle. C'est le principe de l'effet relatif des contrats énoncé à l'article 1165 du Code civil, qui impose cette solution consacrée par un arrêt de l'Assemblée plénière de la Cour de cassation (Cass. ass. plén., 12 juill. 1991 : *JCP G* 1991, II, 21743, note G. Viney). Depuis lors, cette jurisprudence a été systématiquement confirmée (Cass. 3e civ., 10 janv. 2001 – deux arrêts – *Resp. civ. et assur.* 2001, comm. 85).

B. La responsabilité des constructeurs les uns à l'égard des autres

La responsabilité délictuelle d'un constructeur peut être retenue dans le cadre d'une action récursoire engagée à son encontre par d'autres constructeurs qui ont supporté la charge de la réparation des dommages. En pratique, un constructeur peut se prévaloir du préjudice qu'il a subi (sa condamnation) en raison de la faute d'un autre constructeur, et en demander réparation en application des règles de la responsabilité délictuelle.

L'action échappe au régime des garanties légales pour obéir exclusivement au régime du droit commun de la responsabilité délictuelle. Ainsi, un maître d'œuvre qui a omis de renseigner le maître d'ouvrage sur la nécessité de faire des réserves concernant des désordres apparents au jour de la réception et qui est pour cette raison condamné au titre d'un manquement à son devoir de conseil, ne peut se voir opposer l'apparence des désordres pour faire échec à l'action récursoire engagée contre les autres constructeurs intervenant à l'acte de construire.

En l'absence de lien contractuel, les constructeurs sont des tiers dans leurs rapports personnels, ce qui exclut toute possibilité de se placer sur le terrain de l'article 1792 du Code civil pour trancher le litige. L'action est soumise aux principes des articles 1382 et suivants du Code civil, qui ne font pas de la clandestinité des dommages à la réception, une condition de la recevabilité ou du bien-fondé des recours (Cass. 3e civ., 27 avr. 2000 : *Resp. civ. et assur.* 2000, comm. 297). De même, il importe peu que l'action récursoire d'un architecte condamné à réparation ait été engagée contre l'entrepreneur postérieurement à l'expiration du délai de garantie décennale prévu à l'article 2270 du Code civil (10 ans à compter de la réception de l'ouvrage). Il convient de respecter le délai prévu à l'article 2270-1 (10 ans à compter de la découverte du dommage ou de son aggravation), « l'action d'un locateur d'ouvrage dirigée contre un autre constructeur ayant un fondement quasi-délictuel » (Cass. 3e civ., 4 avr. 2001 : *Resp. civ. et assur.* 2001, comm. 240).

Cela étant, le succès de l'action récursoire n'est pas systématique. Preuve en est le cas dans lequel un architecte avait dû indemniser un maître d'ouvrage en raison d'un surcoût des planchers. Il exerçait un recours contre l'entrepreneur afin d'obtenir de lui remboursement d'une partie des sommes versées. La Cour de cassation censure la décision d'une cour d'appel qui avait fait droit à sa demande, car les motifs avancés par la juridiction du fond « ne suffisent pas à caractériser la faute commise par l'entrepreneur ». En l'espèce, la solution s'imposait dans la mesure où le surcoût était essentiellement dû à l'erreur initiale de conception de l'architecte (Cass. 3e civ., 25 nov. 1998 : *RD imm.* 1999, p. 108, obs. Ph. Malinvaud et B. Boubli).

Conclusion

Les conditions et le régime de la responsabilité spécifique des constructeurs offrent au maître d'ouvrage et aux acquéreurs successifs, un outil efficace pour la réparation des désordres affectant leur bien. La présomption de responsabilité et la diversité des débiteurs des garanties constituent des illustrations tangibles de l'effort législatif. Les tribunaux eux-mêmes ne cessent de manifester leur volonté de faciliter la tâche des demandeurs à l'action en responsabilité. Ainsi, la charge de la preuve pèse le plus souvent sur les constructeurs. Les causes d'exonération font l'objet d'une conception restrictive, au point de marginaliser les cas dans lesquels les intervenants à l'acte de construire échappent à leur responsabilité. Certes les articles 1792 et suivants du Code civil excluent de leur champ d'application certaines catégories de désordres. Mais le maître d'ouvrage n'est pas démuni pour autant. Il conserve la possibilité de rechercher la responsabilité des acteurs de la construction sur le terrain du droit commun.

L'efficacité du système de responsabilité des constructeurs s'étend au régime de la réparation, tel que le définissent les textes et la jurisprudence. L'objectif poursuivi est immuable. Il s'agit de remettre l'ouvrage en état, sans que le maître d'ouvrage n'en assume aucunement le coût, conformément au principe de la réparation intégrale. Dès lors, s'il doit être certain, il est admis que le préjudice réparé puisse être pour partie futur. De même, sont pris en compte au delà de la réparation du désordre proprement dit, ses conséquences, même purement esthétiques, les frais d'assurance afférents aux travaux de réfection ou les troubles de jouissance. Suivant le même raisonnement, les tribunaux refusent d'appliquer un coefficient de vétusté, même si les éléments à réparer étaient déjà dépréciés au moment du dommage. Dès lors qu'elles sont nécessaires à la réparation du dommage, les améliorations apportées à l'ouvrage n'ont pas à être assumées par le maître d'ouvrage...

Aussi performants soient-ils, les mécanismes de responsabilité et de réparation doivent avoir pour corollaire un système d'assurance construction de qualité. A défaut, le maître d'ouvrage peut se heurter à la disparition ou à l'insolvabilité des constructeurs. A cet égard, le législateur a imposé un système d'assurance obligatoire. Mais ce système ne concerne pas tous les intervenants à l'acte de construire, ni toutes les hypothèses de responsabilité. C'est *in fine* le principal obstacle à l'indemnisation du maître d'ouvrage.

Index

Pour aller plus loin

DICTIONNAIRE PERMANENT CONSTRUCTION, *Editions législatives,* Feuillets 143, p. 4047 et s.

LE TOURNEAU (Ph.) et CADIET (L.), Droit de la responsabilité et des contrats, *Dalloz action* 2002 / 2003, n° 4511 et s.

LIET-VEAUX (G.), Juris-Classeur civil, fasc. 201-50, 201-60, 202, 203-1, 203-2, 203-3, 203-10.

MALINVAUD (Ph.), Droit de la construction, *Dalloz Action 2000 / 2001.*

PERINET-MARQUET (H.), La responsabilité des constructeurs, *Dalloz connaissance du droit.*

Table des matières

BIBLIOTHEQUE UNIVERSITAIRE
ANGERS

Achevé d'imprimer par Corlet Numérique - 14110 Condé-sur-Noireau
N° d'Imprimeur : 10013 - Dépôt légal : octobre 2002 - Imprimé sur DemandStream
Imprimé en UE

100/03/15